एक गोंड गाँव में जीवन

एक गोंड गाँव में जीवन

वेरियर एलविन

अनुवाद

नरेन्द्र वशिष्ठ

राजकमल प्रकाशन

आदि सन्दर्भ पुस्तकमाला
सम्पादन : प्रदीप पंडित

Leaves from the Jungle : Life in a Gond Village *का हिन्दी अनुवाद*

ISBN : 978-81-267-1296-0

मूल्य : ₹595

पहला संस्करण : 2007
दूसरा संस्करण : 2020
This book is printed on **Print on Demand** Technology : 2026

प्रकाशक : राजकमल प्रकाशन प्रा.लि.
1-बी, नेताजी सुभाष मार्ग, दरियागंज
नई दिल्ली-110 002

शाखाएँ : अशोक राजपथ, साइंस कॉलेज के सामने, पटना-800 006
पहली मंजिल, दरबारी बिल्डिंग, महात्मा गांधी मार्ग, प्रयागराज-211 001
1, अनमोल सोराबजी संतुक लेन, धोबी तलाव, मरीन लाइंस, मुम्बई-400 002

वेबसाइट : www.rajkamalprakashan.com
ई-मेल : info@rajkamalprakashan.com

EK GOND GAON MEIN JEEVAN
by Veriar Alwin
Translated by Narendra Vashishtha

माँ के लिए

भूमिका

यह निर्विवाद है कि जनजातीय समाज अपने स्वभाव से ही संस्कृति, परम्परा और प्रकृति की धरोहर को सहेजते-सँवारते रहा है। और यह भी कि चाहे प्रदेश हो या फिर देश, सभी अपनी जनजातीय विशिष्टता से एक पहचान और पूर्णता पाते हैं। हर एक सभ्य समाज की यह सर्वोपरि आवश्यकता है कि वह अपनी जनजातीय संस्कृति, परम्परा, आख्यान, मिथक, विश्वास और जीवन से एक आत्मीय परिचय एवं रिश्ता कायम करे। समय-समय पर देश और दुनिया के सम्वेदनशील तथा गुणी लेखकों-मानव समाज के अध्येताओं ने जनजातीय समाज के सरल और गूढ़ रहस्यों को समझने के प्रयास किए हैं। वेरियर एलविन, ग्रिग्सन, रसेल हीरालाल आदि के अध्ययन हमारी मूल्यवान सम्पदा हैं। परन्तु इन अध्ययनकर्ताओं की पुस्तकें अब प्रायः दुर्लभ हो चली हैं। और दूसरे ये अध्ययन अधिकतर अंग्रेजी भाषा में हैं। यह जतलाने की आवश्यकता नहीं है कि हमारे समाज का एक व्यापक हिस्सा और स्वयं जनजातीय समाज भी अपनी भाषायी सीमा के कारण इन मूल्यवान अध्ययनों और उनमें संचित अपरिहार्य ज्ञान वैभव से वंचित ही है। *वन्या प्रकाशन* ने काफी समय पहले वेरियर एलविन सहित अनेक अध्येताओं के शोधकार्यों को अंग्रेजी में प्रकाशित किया था। अब इन बहुमूल्यबान अध्ययनों को हिन्दी में अनूदित कर *आदि सन्दर्भ* पुस्तकमाला अन्तर्गत व्यापक लोक समाज तक पहुँचाने की दृष्टि से पहल की है। महत्त्व के शोध कार्यों के अनुवाद तो इस पुस्तकमाला में प्रकाशित किए ही जाएँगे साथ ही साथ हिन्दी में ही मूल रूप से किए गए कार्यों को भी लोक उपलब्ध कराने का प्रयास भी किया जाएगा।

हमारा विश्वास है कि *आदि सन्दर्भ* पुस्तकमाला से जनजातीय समाज की एक बेहतर समझ बन सकेगी।

आर.एन. बैरवा

अध्यक्ष, वन्या प्रकाशन

अनुक्रम

दूसरे संस्करण की प्रस्तावना

बीस बरस से ऊपर बीत चुके हैं जब यह डायरी 'एक गोंड गाँव में जीवन' पहले पहल प्रकाशित हुई और ठीक 25 बरस हुए हैं जब मैं आदिवासी भारत के कार्य से सम्बद्ध हुआ। यह एक लम्बा अन्तराल है और पुस्तक के नए संस्करण का अवलोकन करते समय मुझे इसका एहसास होता है कि अब कुछ बातों की व्याख्या करने की जरूरत है। बतौर उदाहरण पुलिस और बिशपों के साथ हुए झगड़ों के प्रसंग के पीछे कोई सटीक कारण नहीं दिया गया। इसी प्रकार मेरे साहसिक कार्यों से जुड़ी मेरी धार्मिक भूमिका का बखान भी अगर मैं इस पुस्तक में लिखता तो यह अप्रासंगिक हो जाती। अतएव कहानी को सही परिप्रेक्ष्य देने के लिए कुछ आत्मकथात्मक वर्णन निहायत ज़रूरी है। 1936 में जब जॉन मरे ने मूल संस्करण प्रकाशित किया था तब मैं पूरी तरह ऐसा नहीं कर पाया।

मैं नवम्बर 1927 में भारत आया। बहुधा लोग मेरे यहाँ आने का कारण पूछते हैं। इसके अनेक कारण थे। ऑक्सफोर्ड में भारतीय मित्रों ने मुझे महात्मा गांधी के अहिंसक आदर्शवाद, रवीन्द्रनाथ ठाकुर की अन्तर्राष्ट्रीय संस्कृति और भारतीय रहस्यवाद के उन्नायक प्रतीकवाद के प्रति बहुत उत्साहित किया। मैं जानता था भारत एक निर्धन देश है और यद्यपि मैं ऑक्सफोर्ड में प्राध्यापक बनना चाहता था, मुझे यह एहसास होने लगा कि मात्र शैक्षिक जीवन ही पर्याप्त नहीं। मुझमें यह इच्छा घर कर गई कि मेरे देश और मेरी जाति ने जो भारत की हानि की है उसकी कुछ भरपाई कर सकूँ। बचपन से ही मुझे सेवा और साहसिक कार्यों के संस्कार मिले थे। मेरे पिता अफ्रीका के बीहड़ों के खोजी थे। मेरी माता को एक आदमखोर शेर ने खा लिया था। भारत में ऐसा कुछ होने की मुझे लेशमात्र भी आशा न थी। आज भी मेरे तईं यह स्पष्ट था कि यही वह देश था जो मेरे स्वभाव के अनुकूल था और जहाँ मुझे मस्तिष्क और आत्मा के क्षेत्र में साहसिक कार्यों के अवसर मिल सकते थे।

मैं अपने लिए 'मिशनरी' शब्द के सामान्य अर्थ में कोई भूमिका नहीं चाहता था लेकिन आश्रमीय जीवन व्यतीत करने में मेरी गहन रुचि थी। उन्हीं दिनों उदार

क्रिश्चियन विचारों पर आधारित एक आश्रम पूना में खोला गया जिसमें भारतीय और यूरोपीय लोगों को पूर्ण समानता के आदर्श पर सदस्यता देने का प्रावधान था (उन दिनों में यह असामान्य था) और जिसका लक्ष्य धर्म-परिवर्तन न होकर विशुद्ध विद्यानुराग था। इसमें शामिल होकर मेरा मुख्य उद्देश्य ईसाई और हिन्दू धर्मों के सम्बन्धों का अध्ययन करना था और यह देखना भी कि किस सीमा तक ईसाई धर्म को एक अधिक सटीक पूर्वदेशीय जामा पहनाया जा सकता था। पूना में हम सरल भारतीय ढंग से रहते थे–खादी के कपड़े, नंगे पाँव अथवा चप्पलें, भूमि-शयन और भारतीय भोजन। हमने हिन्दू मन्दिर की शैली पर एक छोटा-सा सुन्दर गिरजाघर बनाया जिसमें ईस्टर्न आरथोडोक्स चर्च की पूजा-पद्धति का अनुसरण होता था और इसमें अनेक पूर्वदेशी तत्त्वों का समावेश था। पूर्वी और पाश्चात्य रहस्यवाद के गहरे सम्बन्धों को दिखाने के लिए मैंने स्वयं अनेक पुस्तिकाएँ लिखीं : उनमें से एक 'क्रिश्चियन ध्यान' में मैंने योग का चौदहवीं सदी के एक अनाम रहस्यवादी द्वारा रचित 'द क्लाउड ऑफ अननोइंग' के साथ तुलनात्मक अध्ययन प्रस्तुत किया। दूसरी पुस्तिका में मैंने रिचर्ड रोले के विचारों को भारतीय भक्ति की शब्दावली में व्याख्यायित किया। इसी प्रकार तीसरी पुस्तिका में मैंने यह दिखाने का प्रयास किया कि किस प्रकार असीसी के सेंट फ्रांसिस भारतीय परिदृश्य के अनुकूल हैं। तब मैं चर्च ऑफ इंग्लैंड का एक पादरी था।

जनवरी 1928 में एक विशिष्ट घटना के कारण मेरा जीवन ही बदल गया। मैं साबरमती आश्रम में महात्मा गांधी से मिला था।

इस समय भारत का राष्ट्रीय आन्दोलन निष्ठा और समर्पण के उस स्तर पर पहुँच चुका था जिसकी संसार के राजनीतिक उथल-पुथलों में दूसरी मिसाल मिलनी नामुमकिन है। साबरमती के ऊँचे किनारों पर खड़े आश्रम में जिसमें रहनेवाले कुछ सौ व्यक्ति शान्त और अनुशासित ढंग से कठिन कार्य और निर्धनों के प्रति समर्पित थे जो सदैव श्रेष्ठ कांग्रेसजन का लक्षण रहा है। उनके बीच गांधीजी लगभग एक अपार्थिव गरिमा और सौन्दर्य की सजीव मूर्ति जान पड़ते थे। मुझ पर उनकी पहली छाप थी–उनकी सुन्दरता और आन्तरिक आध्यात्मिक शक्ति जिसने उनकी दुर्बल काठी और समूचे वातावरण को दया और प्रेम में रूपान्तरित कर दिया था।

उसके बाद मैं एक सहिष्णु हमराही के स्थान पर उनका निष्ठावान शिष्य बन गया। मैंने चर्खा कातने का काम शुरू कर दिया; कांग्रेस का झंडा पूना आश्रम में फहराया; प्रवचनों में ईसाई और गांधीवादी आदर्शों का मिश्रण किया, 'क्राइस्ट

और सत्याग्रह' नामक पुस्तिका लिखी जिसमें कहा गया कि मुख्यतः सत्य और अहिंसा के ईसाई आदर्शों पर आधारित भारत के राष्ट्रीय आन्दोलन में ईसाइयों को भागीदार बनना चाहिए। यह बात निश्चय ही स्थापित ईसाई धर्म के विरोध में जाती थी। यह सब बातें सहज ही राज्य और चर्च ने नज़रअन्दाज कर दीं और इनके प्रति कोई उत्साहजनक प्रतिक्रिया व्यक्त नहीं की गई।

चर्च पर तत्कालीन राज्य के आधिपत्य की सबसे ज्यादा जानकारी मुझे तब मिली जब मैंने रेजीनाल्ड रेनाल्ड्स को गांधीवाद पर भाषण देने के लिए आश्रम में निमन्त्रित किया। पुलिस अधीक्षक आर्कडेकन के द्वारा मेरी निन्दा की गई। कहा गया कि 'क्रिस्टा सेवा संघ' चर्च नेताओं के निरन्तर दबाव को नहीं मानता और न ही बढ़ते हुए सी.आई.डी. के भड़काऊ प्रयासों को जो उसको अपने लक्ष्य से भटकाना चाहते हैं। ध्यातव्य है कि दूसरे सदस्यों की पूर्ण स्वीकृति लेकर ही मैंने सुभाषचन्द्र बोस को यहाँ ठहराया था और 1929 के अन्त में मुझे स्वीकृति मिली थी कि मैं सरदार वल्लभभाई के निमन्त्रण पर गुजरात जाऊँ और वहाँ चल रहे 'कर न चुकाओ' आन्दोलन में पुलिस की दमनकारी कार्यवाही का जायजा लूँ। यह आन्दोलन अत्यन्त व्यापक था जिसको रोकने के लिए सरकार ने बहुत कठोर कदम उठाए थे, इतने कठोर कि बहुत से स्थानों से पूर्ण जनसंख्या निकटवर्ती बड़ौदा राज्य को पलायन कर गई। मैंने पाँच तालुकों—आनन्द, नादियाड, बोरसाड, बारडोली और जलालपुर—के साठ से अधिक गाँवों का दौरा किया। मैंने जाँच-पड़ताल करने के बाद एक रिपोर्ट लिखी जो पहले 'बॉम्बे क्रोनिकल' में प्रकाशित हुई और तदुपरान्त 'इन द डेजरटेड विलीजेज़ ऑफ़ गुजरात' नामक पुस्तिका के रूप में छपी। इसमें मैंने 'क्रिश्चियन' सरकार से निवेदन किया कि वह ईसा के सिद्धान्तों का गुजरात के सार्वजनिक आन्दोलन में प्रयोग करे मुद्दा चाहे जो भी हो। इस प्रकार वह कानून के प्रभुत्व और न्याय की पवित्रता को सुरक्षित रख सकेगी और अपने पीछे कटु स्मृतियों की विरासत को छोड़ने से बच सकेगी।

मैंने अपना अधिकतर समय साबरमती आश्रम में बिताना शुरू कर दिया और अगले बरस ही मुझे यह अहसास होने लगा कि मेरे कारण पूनावाले मित्र उत्तरोत्तर मानसिक रूप से उद्वेलित रहने लगे थे। मैंने निर्णय लिया कि मुझे 'क्राइस्टा सेवा संघ' से नाता तोड़कर स्वयं ही कुछ करना चाहिए। किन्तु ऐसा नहीं हुआ।

मैं पूना में ही था कि साबरमती आश्रम में अनेक विलक्षण भारतीयों ने सदस्यता ग्रहण की। उनमें से एक आजीवन मेरा मित्र और साथी बना। उसका नाम शामराव हिवाले था जिसका जिक्र इस पुस्तक में बार-बार आएगा। इसीलिए उसका संक्षिप्त परिचय देना अनिवार्य हो जाता है।

शामराव का शोलापुर के निकट माधे में जन्म हुआ था और जब यह डायरी शुरू की गई उसकी उम्र तीस बरस थी। मुम्बई के विल्सन हाई स्कूल और कोल्हापुर के राजाराम कॉलिज में उसने शिक्षा पाई थी। उसके भाई डॉ. बी.पी. हिवाले अहमदनगर में एक प्रसिद्ध कॉलिज के संस्थापक के रूप में विख्यात हैं। 1929 में गुजरात जाँच के लिए शामराव मेरे साथ था और तब से हम दोनों ने मिलकर कार्य किया है। 1931 के एक संक्षिप्त अन्तराल को छोड़कर वह हमेशा साथ रहा। उस समय वह मीरफील्ड से ईसाई धर्म की शिक्षा प्राप्त करने इंग्लैंड गया था।

यह पता चलते ही कि मैंने 'क्राइस्टा सेवा संघ' से नाता तोड़ लिया है, उसने भी अपनी योजना त्याग दी। गांधीजी गोलमेज सम्मेलन के लिए लंदन पहुँचे तो वह भी कांग्रेस का सदस्य बन गया और अपने नेता के साथ भारत वापस आ गया।

शामराव में असाधारण आत्मीयता और मानवता थी। करंजिया में आने के कुछ समय बाद ही वह छोटा भाई के नाम से विख्यात हो गया। एक ऐसा छोटा भाई जो लोगों का मित्र, दार्शनिक और पथप्रदर्शक था। शीघ्र ही प्रत्येक आदिवासी उस पर भरोसा करने लगा और छोटी-मोटी तकलीफ या कष्ट में 'छोटा भाई' को पुकारने लगा। शामराव ने हज़ारों की ज़िन्दगी में सुख और नया विश्वास दिया है। एक बार की बात है अपनी अन्तिम साँस लेती हुई एक वृद्ध स्त्री अपने सम्बन्धियों से नहीं, शामराव से मिलने का आग्रह कर रही थी। एक दिन छोटा भाई के गोंड मित्र ने उससे कहा, 'तुम्हारे यहाँ आने से पूर्व हमें सतानेवालों की मूँछें आसमान की ओर उठी होती थीं किन्तु अब वे धरती पर झुक गई हैं।' वह आदिवासियों के लिए परदेसी नहीं था। उन्हीं के समान, उन्हीं की तरह का। उसकी दृष्टि में हरेक व्यक्ति एक संसार है और वह हर बच्चे या किशोर अथवा निर्धन बूढ़ी स्त्री को 'केस' के रूप में नहीं, एक मानवीय व्यक्तित्व, एक पवित्र जीवन मानता है जिसको प्रेम और सम्मान दिया जाना चाहिए और जिसके दुखों और चिन्ताओं में उसे स्वयं भागीदार होना चाहिए। उस तक हमेशा सबकी पहुँच है और करंजिया में उसकी तुलना एक हिन्दू विधवा से की जाती थी जो जरूरतमन्दों के पास तुरन्त पहुँच जाती थी और जिसके लिए कोई काम छोटा, निम्न और अरुचिकर नहीं था।

कुछ बरस बीते, शामराव ने गोंडों से सम्बन्धित कबीले पर एक सजीव लेख लिखा, 'द प्रधान्स ऑफ द अपर नर्मदा वैली' ऐसा सजीव चित्रण वह इसलिए कर सका क्योंकि वह व्यवसायिक नृतत्त्वशास्त्री से बेहतर इस सबको समझ पाता था।

उसे आदिवासियों का विश्वास प्राप्त है, वह उनके बीच रहकर उनके बरस दर बरस उतार-चढ़ाव का साक्षी है, वह उनकी भाषा को पूर्ण अधिकार के साथ बोलता है और उसके हृदय में इन लोगों के लिए अपार सहानुभूति है। यदि मैंने डायरी में कई बार दबे ढंग से शामराव की आलोचना की है तो यह बरसों की मित्रता का विशेषाधिकार है।

1931 के दौरान मैं शामराव की सलाह से वंचित रहा जब मैं यह निर्णय लेने की कोशिश कर रहा था कि मुझे क्या करना चाहिए। मेरे कुछ मित्र सी.ए. एन्डरूज़ की भाँति स्वतन्त्र अर्ध-राजनीतिक कार्यकर्ता बनना चाहते थे। मेरा स्वयं का विचार था कि अस्पृश्य लोगों के बीच रहकर उनके लिए कुछ करूँ। उस समय अस्पृश्यता एक ज्वलन्त मुद्‌दा था। तब एक दिन मैं सरदार वल्लभभाई पटेल और सेठ जमनालाल बजाज के साथ अहमदाबाद की गलियों से कार से गुज़र रहा था। जमनालालजी के अधरों से एक जादूभरा शब्द निकला 'गोंड' जो मैंने अपने जीवन में प्रथम बार सुना। उन्होंने मुझे सेन्ट्रल प्रोविन्सेज जाकर उपेक्षित आदिवासियों के कल्याणार्थ कार्य करने को प्रेरित किया। हमने इस सम्बन्ध में गांधीजी से विचार-विमर्श किया और उन्होंने अपनी स्वीकृति प्रदान कर दी।

अतः अक्टूबर में आचार्य कृपलानी के साथ मैं एक लम्बे दौरे पर निकला। इसके दो लक्ष्य थे। पहला बैतूल और छिंदवाड़ा के गोंड क्षेत्र में आबादी बसाने के लिए उचित स्थान की खोज और दूसरा, खादी और गांधीजी के आदर्शों का सन्देश लोगों तक पहुँचाना। हम सेन्ट्रल और यूनाइटेड प्रोविन्सेज में दूर-दूर तक घूमे। हमारे पीछे पुलिस लगी हुई थी और सी.आई.डी. ने हमारी गतिविधियों की सामान्यतया गलत रिपोर्ट सरकार को भेजी। बैतूल और छिंदवाड़ा में अधिकारियों का विरोध इतना अधिक था कि किसी भी जमींदार ने सहानुभूति होते हुए भी हमें ज़मीन देने का साहस नहीं किया। अक्टूबर अन्त में अपना दौरा समाप्त कर हम मुम्बई पहुँचे ताकि वहाँ गांधीजी और शामराव के इंग्लैंड से लौटने पर उनका स्वागत कर सकें।

तब जो घटित हुआ वह मेरी स्मृति में पूरी तरह आज भी अंकित है और मैंने उस समय जो लिखा उसका उद्धरण मैं यहाँ दूँगा क्योंकि गांधीजी की गिरफ्तारी ने मेरी सोच पर एक गहरी छाप छोड़ी थी।

मुम्बई में गांधीजी मणिभवन नामक मकान में ठहरे थे और उन्होंने शामराव और मुझे अपने साथ ही रहने का प्रस्ताव दिया। नगर में बहुत उत्तेजना थी; वायसराय ने गांधीजी के शान्ति प्रस्ताव को अन्तिम रूप से ठुकरा दिया था और किसी भी क्षण राष्ट्रीय नेताओं को गिरफ्तार किया जा सकता था।

मणिभवन की छत से हमने स्थिति का जायजा लिया तो हमें आश्चर्यजनक शान्ति का अनुभव हुआ जो निश्चय ही बाहरी भीड़ और उसकी उत्तेजना के विपरीत थी। छत एक आकर्षक स्थान था। छोटी ऊँचाई के शामियाने खड़े कर लिए गए थे। वहाँ ताड़ और दूसरी प्रकार के पौधे थे : कम से कम तीन सौ लोग वहाँ इकट्ठा हो सकते थे। ठंडा होने के अलावा यहाँ से आसमान के तारे साफ़ दीख पड़ते थे। बापू शान्त भाव से चर्खा कात रहे थे। उनका साप्ताहिक मौन शुरू हो गया था। मैंने उनसे एकतरफा संवाद किया और उन्होंने कागज पर प्रश्न और उनके उत्तर लिख दिए। शामराव ने समुद्री यात्रा के दौरान बापू के सहानुभूतिपूर्ण व्यवहार पर उनको धन्यवाद दिया। तत्पश्चात शामराव और मैं एक छोटे शामियाने में चले गए और बापू अपने शामियाने में जो मात्र तीन गज़ की दूरी पर था, लेट गए। तीस अन्य लोगों ने छत पर लगे कैन्वस के नीचे शरण ली। कस्तूरबा गांधी और मीराबेन ने हमें खजूर, अखरोट और फलों का स्वादिष्ट भोजन दिया। किन्तु मैं सो न सका। मैंने महसूस किया कि मुझे घंटों तक एक के पीछे एक चमकते सुन्दर तारों के नीचे जागना होगा जबकि हमारे नज़दीक बापू मानो परमपिता का हाथ थामे एक शिशु की भाँति सो रहे थे। मैंने यरुशलम को जाते हुए ईसा के बारे में सोचा जिनकी आँखों में निश्चय और साहस भरा था। ऐसा प्रतीत हो रहा था जैसे सदियों को लाँघकर ईसा की आत्मा एक चमकती तलवार लेकर जुल्म और अन्याय के विरोध में प्रकट हो गई हो। हमारे सोते हुए प्रिय मित्रों की बहादुरी, शुद्ध हृदयता, निष्ठा और प्रेम की भावना निश्चय ही अजेय थी।

आखिरकार मैंने जल्दी में बिस्तर तैयार किया और गहरी नींद में सो गया। ऐसा प्रतीत होता था जैसे मैं आजीवन सोया हूँ। तभी अचानक किसी स्वप्न के आगमन की तरह मुझे कुछ आवाज और फुसफुसाहट सुनाई पड़ी, "पुलिस आ गई है।" हम उठ बैठे और सामने वह दृश्य देखा जो मैं कभी नहीं भूलूँगा–पूर्ण सरकारी वर्दी में बापू की चारपाई के पायताने पुलिस अधीक्षक और बापू निद्रा से उठते हुए कुछ भ्रमित, बूढ़े, कमज़ोर और दयनीय से दीखते हुए और चेहरे पर नींद का कोहरा अभी तक तैरता हुआ। "मिस्टर गांधी, आपको गिरफ्तार करना मेरी ड्यूटी है।" स्वागत की सुन्दर मुस्कान बापू के चेहरे पर खिल उठी और अब वह युवा, सशक्त और आत्मविश्वास से परिपूर्ण दीख पड़ते थे। उन्होंने इशारे से बताया कि उन्होंने मौन धारण किया हुआ है। अधीक्षक मुस्कराया और बहुत शालीनता से बोला, "मैं चाहूँगा कि आप आधा घंटे में तैयार हो जाएँ।" रात्रि के तीन बजकर पाँच मिनट हुए थे। बापू ने अपनी घड़ी देखी और अधीक्षक ने कहा, 'आह, वही

प्रसिद्ध घड़ी।' इस पर वे दोनों खूब खुलकर हँसे। बापू ने पेंसिल से कागज पर लिखा, "मैं आधा घंटे में आपके साथ चलने को तैयार हो जाऊँगा।" अधीक्षक ने बापू के कन्धे पर अपना हाथ इतने स्नेहपूर्वक रखा मानो यह कार्य आलिंगन से कम न हो। किन्तु कुछ देर बाद मैं समझ गया यह गिरफ्तारी का औपचारिक संकेत था। बापू ने अपने दाँतों को साफ़ किया और कुछ क्षण विश्राम किया। दरवाजे पर पहरा था लेकिन हम सब जो छत पर थे एक दायरा बनाकर बैठ गए। हमने देखा कि सड़क पर जहाँ कुछ लोगों ने सारी रात जागकर बिताई थी और जहाँ शान्त किन्तु अनुशासित छोटी-सी भीड़ इकट्ठा हो चुकी थी वहाँ पुलिस ने कोई विशेष पूर्वचिन्तित उपायों का प्रबन्ध नहीं किया था। बापू दायरे के अन्दर बैठ गए और सबके साथ विशुद्ध वैष्णव भजन गाने लगे। तदुपरान्त बापू ने कागज पर पेंसिल से अपने अनुयायियों के लिए कुछ सन्देश लिखे, जेल जाने से पूर्व अपने अन्तिम सन्देश। एक पत्र उन्होंने वल्लभभाई के नाम लिखा जो इस प्रकार था, "प्रभु की दया असीम है" (ये गिरफ्तारी के बाद उनके पहले शब्द थे)। "कृपया लोगों को बताएँ कि वे सत्य और अहिंसा के रास्ते से न हटें। कभी न हटें, चाहे स्वराज प्राप्ति के लिए अपने प्राण और सर्वस्व ही क्यों न देना पड़े।" फिर उन्होंने एक छोटा-सा पत्र लिखकर मुझे थमा दिया :

"मेरे प्यारे एल्विन,

आपके पधारने से मैं अति प्रसन्न हूँ। मैं चाहूँगा कि आप स्वयं अपने देशवासियों को बताएँ कि मैं उन्हें उतना ही प्रेम करता हूँ जितना अपने देशवासियों को। मैंने उनके प्रति कभी घृणा या द्वेष का व्यवहार नहीं किया और ईश्वर ने चाहा तो भविष्य में भी नहीं करूँगा। मैंने इन हालात में उनके प्रति अपने लोगों से कोई भिन्न व्यवहार नहीं किया।

सस्नेह तुम्हारा
एम.के. गांधी"

'तदुपरान्त बापू विदा लेने के लिए उठ खड़े हुए। यह एक अनोखा दृश्य था। दरवाजे पर पुलिस थी, मीराबेन और देवदास इधर से उधर बँधे सामान के लिए दौड़ रहे थे, बापू अपने मित्रों से घिरे थे जिनमें से ज्यादातर के नयन गीले थे। गीले नयनोंवाली कस्तूरबा गांधी ने कहा, "क्या आप मुझे अपने साथ नहीं ले जा सकते ?" बारी-बारी से सबने बापू के पाँव छुए और जब मैंने उनसे कहा 'विदा'

तो उन्होंने मुस्कराते हुए मेरा कान खींचा और मेरे गाल पर एक चपत-सा जड़ दिया। वह प्रसन्न थे और हँस रहे थे। तब वह सीढ़ियों से नीचे उतरे। उनके पीछे दूसरे लोग चल रहे थे। वह लघु आकृति कार में बैठ गई और चारों ओर भीड़ एकत्र हो गई। यह भारत की अहिंसा के लिए वास्तव में सम्मानजनक था कि चन्द पुलिसवाले भीड़ के बीच खतरे के भय बिना उपस्थित थे। तभी हमें सूचना मिली कि कांग्रेस अध्यक्ष सरदार वल्लभभाई भी गिरफ्तार कर लिए गए थे। जैसे ही भारत की आत्मा को अपने साथ लेकर कार अँधेरे और सुनसान रास्तों की ओर चली तो भीड़ भी तितर-बितर हो गई।

बापू के अन्दर हो जाने पर महादेव देसाई ने बताया कि मुझे नार्थ वैस्ट फ्रन्टीयर प्रोविन्स जाकर वहाँ की स्थिति का जायजा लेना होगा। मुम्बई में वहाँ की जो सूचनाएँ मिल रही थीं वह चिन्ता में डालनेवाली थीं। वहाँ लालकुर्ती आन्दोलन को कठोरता से कुचला जा रहा था और चूँकि वहाँ पत्रकारों के प्रवेश पर रोक थी और प्रेस समाचारों को काँट-छाँटकर पेश किया जा रहा था, बापू की अहिंसा को समर्पित वीर योद्धा पठानों के बारे में अतिशय चिन्ता होनी स्वाभाविक थी। अगले ही सप्ताह शामराव और मैंने पेशावर के लिए प्रस्थान किया।

हमारे साहसिक और उत्तेजित करनेवाले कार्यों; हमारी खोजों के लिए, स्थानीय पुलिस और मिलिटरी को किंचित श्रेय नहीं जाता। हमारे कोहाट और उतमनज़यी के अलावा कुछ गाँवों का भी दौरा किया और अन्तिम दिन हम ख़ैबर पास तक गए। वहाँ से लौटते ही मुझे गिरफ्तार कर लिया गया, मेरे सामान की तलाशी ली गई और एक दर्जन सशस्त्र सिपाहियों के संरक्षण में हमें उस राज्य से बाहर भेज दिया गया।

एक बात से मुझे बहुत सन्तोष मिला। मैं अपने ब्रेकफास्ट के अन्न के पैकेट में अपनी खोज के नोट्स छिपाने में सफल रहा। यदि वे सेना के हाथ लग जाते तो पेशावर के कुछ लोग संकट में पड़ सकते थे। मैंने इस रिपोर्ट को विजयी भाव से मुम्बई जाकर प्रकाशित कर दिया। तुरन्त ही उसे सम्राट के नाम पर जब्त कर लिया गया और, यद्यपि यह कालान्तर में लंदन में छपी, कई बरसों तक मैं स्वयं इसकी मूल प्रतिलिपि पाने में असमर्थ रहा।

अब मुम्बई में हमें दूसरी समस्या का सामना करना पड़ा। शामराव इंग्लैंड से लौट आया था और आदिवासियों के हित में कार्य करने के लिए उसने अपनी उच्च्व शिक्षा का बलिदान कर दिया था। मेरी स्वयं की भी यही इच्छा थी। लेकिन गांधीजी की गिरफ्तारी और सेन्ट्रल प्रोविन्सेज से मेरे निकाले जाने के बाद, मेरे ऊपर राजनीति में आने के लिए बहुत दबाव डाला जाने लगा। उदाहरण के लिए

कांग्रेस अब अध्यक्षों को नियुक्त करने के लिए योजना बना रही थी जिसमें हर जाति और वर्ग को शामिल किया जाना था, और जमनालालजी ने मुझसे पूछा कि जब किसी अंग्रेज की यह उच्च पद ग्रहण करने की बारी आएगी तो क्या मैं अपनी स्वीकृति दे दूँगा। उन्होंने बताया कि अध्यक्ष को अधिक कार्य नहीं करना होता क्योंकि नियुक्ति के एक सप्ताह के अन्दर ही मुझे गिरफ्तार कर लिया जाएगा। मैंने उन्हें अपनी स्वीकृति दे दी और कभी-कभी मैं आश्चर्यपूर्वक सोचता हूँ कि यदि यह सब क्रियान्वित हो जाता तो मेरे साथ क्या गुज़रती।

लेकिन जब शामराव और मैंने इस पर विचार-विमर्श किया, तो हम इस निष्कर्ष पर पहुँचे कि राजनीति हम लोगों का क्षेत्र नहीं है। मुझे सदैव यूरोप के उन राजनीतिक नौसिखियों पर शंका बनी रही जो बिना विषय में दक्ष हुए अपना हस्तक्षेप यहाँ-वहाँ दर्ज कराते रहते थे। अतः हम गोंड प्रदेश में कार्य करने की अपनी मूल योजना पर दृढ़ रहे।

मैं बैतूल में ज़मीन नहीं ले सका था और मेरे अधिकतर मित्र अब जेल में थे। अतः मैंने नागपुर के बिशप से इस सम्बन्ध में सलाह ली (ध्यान रहे कि मैं अभी तक चर्च ऑफ इंग्लैंड का सदस्य था चाहे मेरी पूरी आस्था उसमें न थी)। नागपुर के बिशप वुड एक बहादुर और सशक्त व्यक्ति थे और आदिवासियों के प्रति उनका स्नेह उतना ही सत्य था जितनी ब्रिटिश सरकार के लिए उनकी निष्ठा। उनकी जीवनी लिखनेवाला उनके बारे में कहता है, 'उन्होंने सरकार का विश्वास किस हद तक जीत लिया था यह इसी बात से स्पष्ट हो जाता है कि भारत में तीन बरस के भीतर ही उन्हें कैसरे-ए-हिन्द नामक तमगा प्रदान कर दिया गया।' हमारे साथ भी उनका यह विश्वास पूरी तरह साबित हुआ।

बिशप ने सुझाया कि मैकल पहाड़ियों पर बसा करंजिया नामक गोंड गाँव मेरे लिए उचित होगा। मजा लेते हुए उन्होंने बताया जिन पाँच यूरोपीय लोगों ने वहाँ जाकर डेरा जमाया उनमें से चार एक बरस के अन्दर ही चल बसे। ऐसे ही स्थान की हमें तलाश थी और 28 जनवरी, 1932 में शामराव और मैंने यहाँ का रुख किया और इसके साथ ही मेरी डायरी भी शुरू हुई जो आनेवाले पृष्ठों पर लिपिबद्ध है।

दुनिया के मानचित्र पर भी करंजिया जैसे छोटे गाँव की स्थिति को सरलता से पाया जा सकता है। महान नर्मदा नदी की राह को पश्चिमी घाट में इसके पवित्र उद्गम को खोजकर पूर्वी सतपुड़ा पहाड़ियों के उठे हुए भाग तक जाइए। बस इसके कुछ ही पीछे करंजिया मिल जाएगा।

जैसा कि डायरी में लिखा गया कि हमें एक छोटी पहाड़ी मिली जहाँ से

तीर्थयात्रियों की राह नहीं दिखाई देती जो ग्यारह मील दूर स्थित अमरकंटक तक जाती है। अमरकंटक नर्मदा का उद्गम है। यहीं हमने गारे, बबूल के डंडों और घासफूस से छोटी झोंपड़ियाँ बनाईं और इस प्रकार आश्रम की स्थापना हुई। उन दिनों हमारे चारों तरफ़ विशाल रहस्यमय जंगल था जिसकी नीरवता केवल रात में किसी बाघ की दहाड़ या किसी मृग की बहुत दुखभरी आवाज़ से टूटती थी।

आश्रम बिल्कुल गाँव का हिस्सा प्रतीत होता था, उस गाँव का जो हमारे हर तरफ़ और निचली ढलान पर स्थित था। आरम्भ से ही हमारी नीति हर चीज़ को गोंड शैली में बताने की रही थी। सभी मकान गारे और घास से बनाए गए थे, दीवारों पर गोंड सजावट थी और फर्नीचर भी उतना ही था जितना गाँव के किसी दूसरे मकान में। फिर भी आश्रम गोंड मकानों से कई बातों में अलग था, क्योंकि इसके पीछे यह दिखाने की कोशिश थी कि गाँव किस प्रकार का होना चाहिए। यहाँ झोंपड़ियाँ साफ-सुथरी और हवादार थीं, हर जगह फूलों के पौधे और फलों के पेड़ थे, मुर्गियों और ढोरों के लिए समुचित बाड़े थे और खाद और कचरे के लिए गड्ढों की व्यवस्था थी। मल त्यागने के लिए गड्ढों के पाख़ानों का अच्छा इन्तजाम था। आश्रम को देखने के वास्ते आनेवाले गोंड यहाँ सहजता का अनुभव करते थे और बिना बोले कुछ अच्छी बातें अपने गाँव के लिए सीखकर जाते थे।

आश्रम तक पहुँचने के लिए काफ़ी ऊँचे चढ़ना पड़ता था। वहाँ पहुँचते ही सबसे पहले सेंट फ्रांसिस का छोटा-सा गारे का चर्च दिखाई देता था जो आश्रम के ईसाई सदस्यों द्वारा प्रयोग में लाया जाता था। आश्रम की स्थापना सब धर्मों की समानता और सहिष्णुता के सिद्धान्त पर की गई थी। यह कोई मिशनरी समुदाय नहीं था। हर धर्म के सदस्य यहाँ रहते थे जिनको अपने नियमों का पालन करने की पूरी स्वतन्त्रता थी। हमारा लक्ष्य यह नहीं था कि सब धर्मों को मिलाकर एक समन्वित प्रकार का धर्म बनाया जाए। हमारा लक्ष्य यह दिखाना था कि सभी धार्मिक आस्थाओं के लोग एक परिवार की तरह मिलकर काम कर सकते थे। हमारा मुसलमान एक अच्छा मुसलमान था, हमारे हिन्दू सदस्य अपने नियमों का निष्ठापूर्वक पालन करते थे और इसी प्रकार ईसाई सदस्य सेंट फ्रांसिस के उपदेशों का अनुसरण करने का भरसक प्रयत्न करते थे।

सेंट फ्रांसिस का चर्च एक बड़े अहाते में छोटी-सी इमारत थी जिसके अगले भाग में पुस्तकालय, कार्यालय और बैठने के कमरे थे। ये सब एक ऊँची चारदीवार के अन्दर थे। चर्च के अगले हिस्से में एक पोल था (जो गोंडवाना के हर पूजास्थल में अपरिहार्य था) जिस पर त्याग का प्रतीक एक भगवा ध्वज था और इसके नीचे गोबर से लिपे चबूतरे पर तुलसी का पौधा था। चर्च के चारों ओर फूलों का बगीचा

था जो सेंट फ्रांसिस की इस इच्छा की याद दिलाता था कि फूलों को देखकर लोग 'शाश्वत सौन्दर्य' के बारे में सोच सकें। अगले भाग में ही सुबह और शाम की प्रार्थना के लिए पहाड़ी के किनारे पर वह स्थान था जहाँ से जंगल, घाटी और पर्वत का अद्‍भुत दृश्य दिखाई देता था।

पहाड़ी पर आगे चलने पर वृक्षों की कतार थी जिनमें से कुछ सुगन्धित फूलों से लदे थे। इनसे गुजरकर दवाख़ाना था–'प्रेमायतन' अर्थात् करुणा का निकेतन। इसमें औषधियों का बहुत अच्छा संग्रह था और चालीस मील की परिधि से गाँववाले यहाँ इलाज के लिए आते थे। हालाँकि बीस मील की दूरी पर एक सरकारी औषधालय भी था किन्तु आश्रम जैसा निजी औषधालय सत्तर मील लम्बे मुख्य मार्ग पर केवल एक ही था।

थोड़ा आगे चलकर डाइनिंग रूम था जिसमें बैठकर आश्रम में रहनेवाले सदस्य भोजन करते थे। यह भी गोंड शैली का था और इसमें तीन झोंपड़ियाँ थीं– रसोईघर, डाइनिंग रूम और खाद्य सामग्री का स्टोर। इनके चारों तरफ सब्जी का बगीचा था। फलों के वृक्ष भी थे जिन पर आम, केला, पपीता, सन्तरा, अंजीर, नारंगी और अमरूद उगते थे। इससे थोड़ा ही आगे 'मित्रालय' अर्थात् मित्रता का घर था। यह वहाँ रहनेवाले रोगियों, तीर्थयात्रियों और अन्य आनेवालों के लिए था। इसके सामने मुर्गीख़ाने के अलावा साँडघर था ताकि गाँव के मवेशियों की नस्ल को बेहतर बनाया जा सके। पहाड़ी पर आगे चलने पर 'अजीबख़ाना' अर्थात् आश्चर्यों का स्थान था जो वास्तव में म्यूजियम था। यह एक अत्यन्त लोकप्रिय इमारत थी। इसके बाद हमारा 'विद्यामन्दिर' अर्थात् ज्ञान का पूजास्थल। यहाँ पचास विद्यार्थी रह सकते थे और सौ अन्य विद्यार्थी प्रतिदिन आकर पढ़ सकते थे। इसमें लड़के और लड़कियाँ एक साथ पढ़ते थे और लड़कियों की संख्या खासी बड़ी थी। विद्यालय में बढ़ई और दर्ज़ी का काम भी सिखाया जाता था। विद्यालय के बाद पहाड़ी पर सघन जंगल था जिसके बीच एक सँकरी पगडंडी थी जो उस बड़े दरवाज़े तक पहुँचती थी। जिससे आगे कोई अनुमति लिए बिना नहीं जा सकता था। यहाँ कोढ़ियों के रहने का स्थान था जहाँ सोलह या सत्तरह रोगियों का इलाज किया जाता था। यह सुन्दर स्थान एक बगीचे से सज्जित था जिस पर रोगियों को बड़ा गर्व था।

यह आश्रम वस्तुतः केन्द्र था जो दूरदराज घाटी और जंगल में छिपा हुआ था। आठ मील के अन्दर आठ ही शाखा आश्रमों की स्थापना की गई थी। इनमें से प्रत्येक में एक कार्यकर्ता, स्कूल, हिन्दी पुस्तकालय और सरल औषधियों से युक्त डिस्पेंसरी की व्यवस्था थी। सप्ताह में एक बार सभी कार्यकर्ता विचार-विमर्श के

लिए करंजिया में एकत्र होते थे। कैसे अधिकतम सफलता के साथ काम किया जा सकता था और अगले सप्ताह का कार्यक्रम क्या हो, इसका निर्णय लिया जाता था। यह सब आवश्यक था क्योंकि कार्यकर्ता स्वयं देहाती थे और अधिक शिक्षित नहीं थे। इस प्रकार वे अशिक्षा के विरुद्ध ही नहीं लड़ रहे थे वरन् अपने लोगों को नेतृत्व देने का प्रशिक्षण भी ले रहे थे। स्कूलों में कुल मिलाकर चार सौ बच्चे थे जिनका सम्बन्ध गोंड तथा अन्य कबीलों से था।

रोग की रोकथाम भारत में प्रथम महत्त्व की समस्या है। स्कूलों में हम नियमित रूप से मानव-शरीर, सफ़ाई और सामान्य रोगों के सम्बन्ध में भाषण देते थे। जंगल में मलेरिया विरोधी उपाय अधिक कारगर नहीं थे क्योंकि पेड़ों को काटे बिना मच्छरों के पैदा होने के स्थानों को नष्ट नहीं किया जा सकता था। लेकिन हम बड़ी संख्या में मच्छरदानियाँ बेचने में सफल रहे और कुनैन के बाँटने का कार्य निरन्तर चलता रहा। पानी से उत्पन्न होनेवाले रोग भी बराबर एक बड़ा खतरा थे, और उन गाँवों में कुएँ खुदवाने की हमारी योजना थी जहाँ पानी का अभाव था। एक अन्य शत्रु था मैथुन सम्बन्धी रोग और इसलिए यौन के विषय में सरल शिक्षा भी अनिवार्य थी।

इस समय हम चीज़ों को सरलता से देख सकते थे : हमें लोगों के स्वास्थ्य के लिए कार्य करना था। हमें यह सुनिश्चित करना था कि उनके पास यथेष्ट भोजन हो जो सही ढंग से पका हो। हमें लोगों की दो प्रकार से मदद करनी थी। पहले वे किस प्रकार अधिक धन कमाएँ, दूसरे वह किस प्रकार अपने खाली समय का सदुपयोग करें। पहली समस्या का निदान था डिस्पेंसरी, स्वास्थ्य सम्बन्धी प्रचार और सफ़ाई। दूसरी समस्या से पार पाने का उपाय था खेती में सुधार और लड़कियों को गृह-विज्ञान की शिक्षा। बाकी समस्याएँ शिक्षा द्वारा अपने आप हल हो जाती हैं। शिक्षित गोंड को बाज़ार में अपना सामान बेचने के मामले में कोई नहीं ठग सकता। बढ़ई और दर्ज़ी का काम सीखकर वह बिक्री के लिए कुछ सामान बना सकता अथवा कम से कम मरम्मत द्वारा अपने कपड़ों का जीवन ही बढ़ा सकता था। शिक्षित आदिवासी विवाह, क्रिया कर्म, मुकद्दमे और बिरादरी भोज पर अपना पैसा बर्बाद नहीं करेगा। थोड़ा धन मिलते ही गाँववाला उसे कबीले पर लुटाने के लिए अभिशप्त था। किसी कारणवश कबीलेवाले यदि उसे कबीले से बहिष्कृत कर दें तो कबीले को बढ़िया भोज देकर ही उसका बहिष्कार समाप्त हो सकता था। इस प्रकार उसकी आर्थिक दशा सुधारना एक बहुत कठिन काम था।

असम में अभी तक कबीले थे किन्तु मंडला ज़िले के गोंड बड़ी सीमा तक

अपना कबीलापन खो चुके थे। वे अपनी भाषा खो चुके थे। वे हिन्दू देवताओं की पूजा करते थे। वे पड़ोस के किसानों की तरह वस्त्र पहनते थे। वस्त्र बुनने पर उनके यहाँ पाबन्दी थी। उनकी संस्कृति नृत्य और संगीत तक सीमित थी। गोंड गाँवों में अन्य लोग भी रहते थे—मुसलमान, हिन्दू व्यापारी, शराब बेचनेवाले, ज़मीदार, महाजन आदि। वस्तुतः हम नृतत्वशास्त्र के बारे में कुछ न जानते थे। हमारा लक्ष्य केवल मानववादी था।

डायरी में 15 जून से 1 नवम्बर, 1932 तक एक अन्तराल है। इस अन्तराल में मैं यूरोप गया था। अंशतः पारिवारिक कारण से, दूसरे वहाँ के लोगों को यह बताने के लिए कि भारत में क्या हो रहा था। फ्रांस, इटली और इंग्लैंड में अपने भाषणों के दौरान मुझे कुछ ऐसे लोग मिले जो भारतीय समस्याओं के शीघ्र हल में सहायक हो सकते थे। इनमें लॉर्ड इर्विन और तत्कालीन लॉर्ड चांसलर सांके भी थे। किन्तु सेक्रेटरी ऑफ स्टेट फॉर इंडिया सर सेम्युअल होर ने मुझसे भेंट तक नहीं की क्योंकि मैं उनके प्रशासन की आलोचना करता रहता था।

सर सेम्युअल ने मेरे लिए पासपोर्ट सम्बन्धी कठिनाई भी पैदा कर दी। मुझे भारत के लिए पासपोर्ट सुविधाएँ देने से इंकार कर दिया गया। मुझे तभी यहाँ आने दिया गया जब मैंने लिखित रूप में यह आश्वासन दे दिया कि मैं भारत पहुँचकर राजनीति में भाग नहीं लूँगा और न ही सरकार की आलोचना करूँगा। वास्तव में ही मैं राजनीति से आदिवासी कार्य को अधिक महत्त्व देता था। इस सम्बन्ध में सी.एफ. एन्ड्रयूज़ और सर फ्रांसिस यंगहस्बैंड के दूसरे ही मत थे।

ये पाबन्दियाँ परेशान करनेवाली थीं। मुझे यह लिखने के लिए बाध्य होना पड़ा कि भारत में अधिक अशान्ति नहीं जबकि वास्तविकता इसके बिल्कुल विपरीत थी। पुलिस और चर्च की ज्यादती पर भी अंकुश लगाना पड़ा।

उदाहरणस्वरूप, फरवरी, 1932 के पहले सप्ताह के सम्बन्ध में डायरी में लिखा गया था कि हम बकरियों के बाड़े में रहकर मक्खियों से लड़ रहे हैं। वास्तव में हम अपेक्षाकृत अधिक सशक्त शत्रु से लड़ रहे थे। डिप्टी कमिश्नर ने मुझको एक पत्र भेजा जिसमें लिखा गया था कि मेरे राजनीतिक रिकार्ड के कारण मुझे ज़िले में नहीं रहने दिया जाएगा। मैंने उत्तर दिया कि बल प्रयोग से ही हमें यहाँ से खदेड़ा जा सकता है अन्यथा नहीं। पुलिस आई लेकिन हमें यहीं रहने दिया गया।

उसी सप्ताह जब हमने डिस्पेंसरी खोली तो मुझे एक दूसरा पत्र मिला जो बिशप का था। उसका आशय यह था कि कमिश्नर ने मुझे भारत से बाहर भेजने का निर्णय ले लिया है। साथ ही यह भी लिखा गया था कि मैं ब्रिटिश सम्राट के

प्रति निष्ठा की शपथ लूँ और कांग्रेस पार्टी से पूर्ण सम्बन्ध विच्छेद कर लूँ। डायरी में मेरे और शामराव के विचार-विमर्श का ऐसा कोई संकेत नहीं था। इसलिए मैंने दोनों माँगों को नामंजूर कर दिया। पहले संस्करण में 10 मई, 1932 को हुए चर्च अधिकारियों के साक्षात्कार को मैंने काफी बदला था। उसका मूल रूप इस नए संस्करण में शामिल है, इससे यह पता चलता है कि हमें चर्च को क्यों छोड़ना पड़ा। इसी प्रकार भारतीय हितों से सम्बन्धित 'ट्रथ एबाउट इंडिया' को भी यहाँ शामिल कर लिया गया। इसका भी डायरी में कोई उल्लेख नहीं था।

डायरी में कलकत्ता मेट्रोपोलिटन को लिखे गए मेरे पत्र का भी उल्लेख नहीं था जिसमें मैंने बताया था कि मैं चर्च ऑफ इंग्लैंड में क्यों नहीं रहना चाहता।

जब मैं क्राइस्ट सेवा संघ में था तो मेरा यही दृष्टिकोण था कि अपने धर्म का प्रचार करना ग़लत है। आज प्रधानमन्त्री स्वयं कहते हैं, 'मुझे यह देखकर चिन्ता होती है कि लोग किस प्रकार अपने विचार दूसरों पर लादने के लिए आतुर हैं। हम अपनी जीवन शैली का स्वागत करें किन्तु इसे दूसरों पर क्यों लादें। यदि हम ऐसा करने से बाज आएँ तो संसार में अधिक शान्ति स्थापित हो सकती है।' चर्च के साथ मेरे झगड़े का मूल कारण यही था : मैंने भारतीयों का धर्म-परिवर्तन करने से मना कर दिया था।

इसी प्रकार कैथोलिक धर्म और नव-प्लेटोवाद की कुछ बातों से सहमत होते हुए भी मैं पूर्णरूपेण उनमें आस्था नहीं रखता। इसीलिए मैं उनका आलोचक या विरोधी समझा जाऊँगा। मैं अपने ऊपर उन्हें नहीं लादना चाहता। गांधीजी और उनके अनुयायियों के सम्पर्क में आने पर ही मेरी समझ में आया कि स्वर्ग जाने के लिए एक ही रास्ता नहीं है।

मैं यह बात स्पष्ट करना चाहता हूँ कि चर्च ऑफ इंग्लैंड और ब्रिटिश साम्राज्यवाद में मिलीभगत थी। दोनों की नीति भारतीय राष्ट्रीय आन्दोलन के प्रति दमनकारी थी। इस कारण इसमें मेरा विश्वास टूट गया। सारी मिशनरी गतिविधि से मुझे ऊब होने लगी। किन्तु एक अधिक गहरा कारण भी था।

एक बार मैं बिशप गोरे से मिला। उदारवादी होने के कारण उनकी भी भर्त्सना हो चुकी थी। बातचीत के दौरान मैंने उन्हें बताया कि मध्यकालीन सन्तों के चमत्कारों में मेरा विश्वास नहीं है। उनका उत्तर था, 'लड़के, यह तो मामूली बात है। ईसाई या किसी अन्य धर्म में सबसे बड़ी कठिनाई ईश्वर में विश्वास है। यदि तुम ईश्वर को निगल सको, तो किसी भी वस्तु को निगल सकते हो।'

परिणामस्वरूप मैंने 1936 में इंग्लैंड जाकर आर्क बिशप टेम्पिल की सलाह पर 'डीड ऑफ रेलिंक्विशमेंट' पर हस्ताक्षर कर और औपचारिक रूप से अन्ततः

मैंने चर्च ऑफ इंग्लैंड से अपना सम्बन्ध-विच्छेद कर लिया।

इस डीड से मुझे बौद्धिक स्वतन्त्रता हासिल हुई। अब मैं वैज्ञानिक ढंग से सोच सकता था जो मेरे आदिवासी कार्य में नितान्त आवश्यक थी।

कुछ पुराने साथियों के लिए यह नया संस्करण दुखदायी सिद्ध हो सकता है लेकिन अपनी स्थिति को स्पष्ट करने के लिए मुझे सच्चाई सामने लानी पड़ी। पिछले बीस बरसों में मेरी किसी भी धर्म में किसी प्रकार का विश्वास नहीं।

किन्तु जीवन के प्रति मेरा दृष्टिकोण अधार्मिक नहीं है। मुझे त्वाँग के बौद्ध मठ में यह देखकर प्रसन्नता हुई कि किस प्रकार वहाँ के सरल आदिवासी अपने दैनिक जीवन में करुणा, सहानुभूति, सज्जनता और विश्व-मैत्री का निर्वाह करते हैं, महात्मा बुद्ध के द्वारा दिखाए गए कल्याणकारी मार्ग पर निष्ठापूर्वक चलते हैं। हिन्दुओं के धर्मग्रन्थों, यीशु के आदर्शों और महात्मा गांधी की शिक्षाओं से भी मैंने बहुत कुछ ग्रहण किया है। इसीलिए मैं 'लीव्ज़ फ्राम द जंगल' के नए संस्करण के लिए रजामन्द हुआ।

डायरी के पृष्ठ दुबारा पढ़ते समय मुझे लगा कि मेरा अधिकतर समय बीमारी में बीता। उस समय मैं धूम्रपान नहीं करता था। चुरट शुरू करने के बाद मुझे एक बार भी मलेरिया नहीं हुआ और मेरा स्वास्थ्य बेहतर होता चला गया।

1936 में हम करंजिया से दूसरे गाँव में चले गए। नई आबादी में कोई चर्च न था। हम नृतत्वशास्त्र, या जिसे हैडन ने एक बार परोपकारशास्त्र की संज्ञा दी, में रुचि लेने लगे। हमने अपनी छोटी-सी संस्था का नाम भी बदल दिया। बस्तर और तदुपरान्त उड़ीसा की रमणीक पहाड़ियों में मैंने काफी समय व्यतीत किया। 1953 में मुझे 'ट्राइबल अफैयर्स टू द नार्थ-ईस्ट फ्रन्टीयर एजेंसी' के सलाहकार का रुचिकर कार्य मिला और तभी कानूनी रूप से, जो अपनी आत्मा में मैं बहुत पहले से था, मैं एक भारतीय नागरिक बन गया।

आगे चलकर मैं 1936 के बाद के सुखद बरसों के बारे में लिखना चाहूँगा किन्तु वे इतने सुखद नहीं थे जितने कि वर्तमान बरस।

शिलोंग

वेरियर एलविन

मनुष्य बनाया गया था सुख और दुख के लिए :
और जब हम यह सत्य समझ लेते हैं
तो हमारी सांसारिक यात्रा में असुरक्षा नहीं होती।
सुख और दुख से बना
एक सुन्दर वस्त्र है पवित्र आत्मा हेतु;
हरेक दुख और शोक के नीचे
छुपा है एक सुख का सिल्कन धागा।

—ब्लेक

प्राक्कथन

पंडा बाबा एक मशहूर गोंड जादूगर हैं और यह उनकी सूरत से जाहिर हो जाता है। हालाँकि वह घुटनों से नीचे चमड़े की पट्टियाँ नहीं पहनते। उनके नंगे पाँव इतने काले पड़ चुके हैं उन्हें पट्टियों की ज़रूरत ही नहीं है। वह थोड़ा झुककर चलते हैं। उनके चेहरे में खास व्यक्ति होने का भाव छिपा हुआ है और यह भी कि जितना कुछ वह लोगों को बताते हैं उससे कहीं ज्यादा उनकी जानकारी है। वह एक छोटे घर में रहते हैं जो करंजिया से दो मील दूर एक एकान्त घाटी में है जिसके एक ओर लाल चट्टानें हैं और दूसरी तरफ़ पहाड़ियों पर चढ़ता हुआ एक जंगल। पंडा बाबा के घर में जादूगरी से ताल्लुक रखनेवाली कई खास चीज़ें देखने को मिलती हैं—घोड़े के बालों के चाबुक, लोहे की नोक लगे हंटर और नुकीले डंडे जो किसी नाच की पूरी मस्ती में किसी के गाल या जीभ के आर-पार किए जा सकते थे। फर्श पर लकड़ी के जूते हैं जिनमें काफी संख्या में लोहे की नोंकें जड़ी हैं। आँगन में एक छोटे पोल के सामने दहकते हुए अंगारे हैं, कुछ गेंदे के फूल और मोरपंखों का एक गुच्छा है। युवा जादूगर उनसे जादूगरी के गुर सीखने के लिए यहाँ आते हैं। पंडा बाबा का रोबीला ढंग है : प्रेरित पलों में वह ऐसा दिखाने की कोशिश करते हैं कि वह अपने हुनर की ताकत पर 'अंडे के खोल में तैर सकते हैं, तिनके को अपना मस्तूल बना सकते हैं, एक मकड़ी के जाले से अपना सारा जिस्म ढँक सकते हैं और वह अदृश्य होकर घूम-फिर सकते हैं।' ऐसा माना जाता है कि परलोक की सभी गोंड मुख्य आत्माओं से उनका सीधा सम्पर्क है। एक उनमें से हैं—ठाकुर देव। वह बहुत पुराने स्थानीय देवता हैं जिनकी नौ गज़ लम्बी जीभ है। वह बाबा के साथ कानाफूसी करते हैं। उन्हें धरती-माँ से मदद मिलती है। पंडा बाबा अपने इलाके के सभी भूत-प्रेतों को बखूबी जानते हैं। वह पुलिस के थानेदार से भी नहीं डरते जिसको लोग देवता से कम नहीं मानते।

मानव जातियों के विद्वानों के लिए पंडा बाबा एक कौतूहल-से लग सकते हैं। बाबा यह नहीं बता पाएँगे कि धन्धे कितनी तरह के होते हैं, कि भारत में गोंड लोगों की तादाद तीस लाख है, कि उनमें से बहुत ही कम पढ़े-लिखे हैं, कि उनका

अपराध-रिकार्ड आश्चर्यजनक रूप से नीचे है, और वह यह भी नहीं जानते कि पटोलेमी ने उनके पूर्वजों को 'पत्ते पहननेवाले गोंडाली' कहा था; कि 'आईने-अकबरी' में यह बात दर्ज है कि गोंड 'अपना फ़र्ज निभानेवाले और मेहनती रिआया हैं। वे शेरों को बस में करके उनसे कोई भी काम करा सकते हैं। उनके बारे में बहुत-सी कहानियाँ प्रचलित हैं।' अकबर के इतिहासकार इन कहानियों के बारे में कुछ नहीं बताते किन्तु इससे हमारी जानकारी में कुछ खास नुकसान नहीं होता क्योंकि पंडा बाबा इन कहानियों को बता सकते हैं। वास्तविकताओं के छोटे दायरे से उनकी आत्मा को इतना कष्ट होता है जितना कि जंगल के कानूनों से उनके शरीर को। इस दायरे से बाहर निकलकर वह इतिहास से पहले गुजरे बड़े युगों के बारे में फोटोग्राफिक सजीवता से बता सकते हैं। सृष्टि के जन्म से सम्बन्धित उनकी जानकारी 'बुक ऑफ जेनेसिस' और चार्ल्स डारविन से भी ज्यादा है। उनके सामने एच.वी. वेल्स एक नौसिखिया हैं। सृष्टि का आरम्भ एक-दूसरे ही और दिलचस्प ढंग से हुआ था। इस तरह—शुरू में हर ओर सिर्फ़ पानी था और महान ईश्वर समन्दर में एक कमल के पत्ते पर बैठा था। एक दिन महान ईश्वर ने स्नान किया और अपने शरीर के मैल से उसने एक कागा बनाया जिसको उसने किसी सूखी जगह की तलाश में भेज दिया। कागा छह महीने तक खोजता रहा लेकिन आराम करने के लिए उसे कोई जगह नहीं मिली। आख़िरकार उसे एक बहुत बड़ा चक्रमल छतरी नामक कछुआ दिखाई दिया जो एक पैर पर समन्दर के तल पर खड़ा था और जिसका सिर बादलों को छू रहा था।

कागा उसके सिर पर बैठ गया और उसे अपनी लम्बी तलाश के बारे में बताया। चक्रमल छतरी ने समन्दर में गहरी डुबकी लगाई। वहाँ तल पर नल राज और नल रानी बैठे हुए थे और उनके चेहरे सूरज की तरफ थे। धरती को निगलने के बाद वे आराम कर रहे थे। शक्तिशाली कछुए ने उनकी गर्दन पकड़कर उनसे एक छोटा दाना ले लिया। यह दाना लेकर कागा महान ईश्वर के पास चला गया। हवा के देवता पवन दसूरी की मदद से ईश्वर ने इस दाने से धरती बनाई जिस पर असंख्यों छोटे-छोटे देवता प्रकट हुए। उनके बाद जंगल के पेड़ आए, फिर गौ-माता और अन्त में मनुष्य।

मनुष्य के आने पर भोजन की समस्या पैदा हुई। इसलिए अन्नदेव जो कि ग्रीक देवी प्रोज़रपाइने का नररूप है, अन्न देने के लिए आए। उसके लिए बलि जरूरी थी और पहली बलि एक किशोर बच्चे की थी। श्री भदावन जो घर की छतों पर रहता है अन्नदेव को एक दाने से दो, चार, सौ बनाने में मदद करता

था। अन्नदेव अब दुबले हो गए हैं और मूर्छित होकर ज़मीन पर गिर जाते हैं। इसी बाबत पंडा बाबा ने दूसरे किसी समय मुझे बताया था कि अन्नदेव ने जंगल को हमेशा के लिए छोड़ दिया था। रेलवे के आने पर अन्नदेव ने मुम्बई का टिकट कटाया और अब वहीं रहते हैं। वह फिर से मोटे हो गए हैं और नगरवासियों को भी मोटा बना रहे हैं।

पंडा बाबा के दो महान हीरो हैं। उनमें से एक रायलिंग हैं जो जंगल के राजा और गोंड लोगों के पूर्वज हैं। दूसरे हैं श्रीराम के भाई लक्ष्मण। दोनों हीरो ब्रह्मचारी हैं जिसके कारण वे दैवी शक्ति से भरे हुए हैं और किसी भी लड़ाई में अजेय हैं। दोनों को ग़लत और अन्यायपूर्ण मौत दी गई और दोनों एक भयंकर आग में जलने के कई दिनों बाद जीवित हो उठते हैं। मौत की ताकत बेगुनाहों पर नहीं चलती। पंडा बाबा के अनुसार लक्ष्मण अपने बड़े भाई श्रीराम से बेहतर थे। श्रीराम विवाहित थे और उनके लिए जीना आसान था। गोंड लोग ब्रह्मचर्य को आदर की नज़र से देखते ज़रूर हैं पर हक़ीक़त यह है कि रोमांटिक प्यार के बिना उन्हें ज़िन्दगी बिताना नामुमकिन जान पड़ता है।

एक रात के जश्न में मैंने पंडा बाबा को ढोल बजाते और नाचते हुए मस्ती में यह गाना गाते हुए सुना :

जब मैं चारपाई पर लेटा था
मुझे खटमलों ने काट खाया।
पूरी रात मैं जागता रहा,
तुम्हारे बारे में सोचते हुए।

इतिहास के सत्यों में आते ही पंडा बाबा का आत्मविश्वास कम हो जाता है। उनकी कल्पना से निकली कहानियों को पाठ्य-पुस्तकों से मिलाना होता है। इनके अनुसार गोंड (जो एक द्रविड़ भाषा बोलते हैं जिसका तमिल और कन्नड़ से नज़दीकी सम्बन्ध है) दक्षिण से गोदावरी के रास्ते सेन्ट्रल प्रोविन्सेज में आए और यहाँ की पहाड़ियों पर बस गए। चौदहवीं सदी तक बैतूल, छिंदवाड़ा, मंडला और चांडा में गोंड राज्य स्थापित हो गए थे और इस बात के कुछ प्रमाण हैं कि गोंड राज्य खुशहाल थे। चांडा में राजाओं के मकबरे, महल, झील और सात मील लम्बी शस्त्र चलाने के लिए बड़े छेदोंवाली दीवार है। लेकिन संगठन क्षमता और युद्ध में निपुण न होने के कारण गोंड राजाओं को मुगल और मराठा हमलावरों से मात खानी पड़ी। कुछ समय तक उन्होंने लुटेरों की जिन्दगी गुजारी किन्तु जल्द ही वे जंगल में खुले स्थानों पर बस गए और अमन से रहने लगे। उनकी कोशिश रहती थी कि वे पहाड़ियों के गहरे भागों की ओर बढ़ते जाएँ। आज वे वहीं रहते हैं,

अपने शासन की मयूरपंखी शान को भूलकर, गरीबी की ज़िन्दगी जीते हुए किन्तु अपने लम्बे इतिहास के कुछ चिन्हों को अभी तक अपने साथ लिए हुए। आज भी चन्द गोंड राजे और जमींदार हैं। मसलन, कवर्धा, शक्ति और सारंगगढ़ के राजा और बिलासपुर के दो बड़े ज़मीदार भी गोंड जाति के हैं। छिंदवाड़ा की पहाड़ियों में सात रजवाड़ों के मालिक पारम्परिक गोंड सरदार हैं।

पंडा बाबा बहुत व्यस्त आदमी हैं। सभी कामों में उनकी ज़रूरत है। फसल बोने के मौके पर बिदा कराते हुए और छोटी गाड़ी में बड़े चूजे भरकर गाँव की सीमाओं को ले जाते हुए ताकि उनकी बलि देकर रोगों को बाहर खदेड़ा जा सके। एक बार उन्होंने खरगोश का थोड़ा-सा गोबर माँगा। इस गोबर से वह एक नवजात शिशु के पाँव छूना चाहते थे जिससे बड़ा होने पर वह खरगोश की तरह तेज़ दौड़ सके। पंडा बाबा एक नैचरोपैथ हैं। उन्हें सभी जंगली औषधियों की जानकारी है। तथापि वह कहते हैं इस कलिकाल और लौहयुग में वे इतनी कारगर नहीं हैं जितनी कि पहले थीं।

सभी ताजे घावों का उपचार मैं जानता हूँ
चाहे वे लोगों के हों या मवेशियों के
चाहे उनको साँपों ने काटा हो,
या उन पर शक्तिशाली मन्त्रों से जादूटोना किया गया हो
यो प्रेम-रोग की गर्मी से
वे बेकाबू और पगला गए हों, उनकी आँखें
बहते आँसुओं से धुँधला गई हों,
इन सबका मैं इलाज कर सकता हूँ।

लेकिन पंडा की ताकत फ्लैचर की तरह ब्रह्मचर्य से नहीं आती क्योंकि वह शादीशुदा हैं।

खेती के बारे में पंडा बाबा एक माहिर आदमी हैं और अपनी संरक्षक धरती माँ का कलेजा हल से चीरने में भी नहीं संकोच करते। फाग के त्यौहार पर वह हलों के फल्कों को आग में तपाते हैं। उनका कहना है कि जिस मट्टी पर फाग की दावत का सामान बनता है उसमें तपाने से फल्के जाग जाते हैं और मन लगाकर खेतों में काम करने लगते हैं। एक दिन जब हमें यह लगा कि बारिश सही वक़्त पर नहीं आएगी तो पंडा बाबा तीतर का घोंसला खोजने के लिए मुझे जंगल में ले गए। जब हमें वह घोंसला मिला तो बाबा यह देखकर खुश हुए कि घोंसले के चारों ओर चार अंडे सफाई से रखे हुए थे। उन्होंने मुझे बताया कि बरसात के चार महीनों में बारिश बराबर आती रहेगी और ऐसा ही हुआ। उन्होंने

यह भी बताया कि एक बार जब बारिश नहीं आई तो उन्होंने तीन औरतों को बुलाकर कहा कि वे उनके (बाबा के) खेत में जाकर बिल्कुल नंगी हो जाएँ। उनमें से दो ने अपने कन्धों पर हल उठाया और तीसरी चाबुक लेकर खेत जोतने में लग गई। बाबा ने कहा कि उस समय काफी अँधेरा था वह कुछ देख नहीं सकते थे। एक हफ्ते के अन्दर ही बारिश आ गई।

बाबा का बाहरी दुनिया का ज्ञान बहुत अजब है। तो भी इतने अज्ञानी नहीं जितना कि एक बूढ़ा बैगा जो महात्मा गांधी को कोई खाने की चीज़ समझता था। पंडा बाबा दूसरे ढंग के अज्ञानी हैं। बादल की गर्जना को वह लक्ष्मण द्वारा आसमान में छोड़े गए तीर की आवाज़ समझते हैं। यह तीर बिजली का पीछा करता है जो कभी वश में न आनेवाली वधू है; इन्द्रधनु चीटियों के घरौंदे से निकलता है; चाँद के पहाड़ वहाँ रहनेवाले काले हिरन की कमर पर बने धब्बे हैं; तारों में ज़िन्दगी है क्योंकि मरते ही वे नीचे गिर जाते हैं इत्यादि। पंडा बाबा मुम्बई और कलकत्ता के नाम जानते हैं, दिल्ली उनके लिए बहुत बड़ी दूरी का पर्याय है। ब्रिटिश राज के बारे में भी वह कुछ नहीं जानते क्योंकि ज़िले के सारे अफ़सर हिन्दुस्तानी हैं। वायसराय किसे कहते हैं, यह उन्हें नहीं मालूम। शहरों की जिन्दगी गन्दी और भ्रष्ट है, वहाँ बिना बैलों की गाड़ियाँ चलती हैं जो धुएँ के बादल छोड़ती रहती हैं। रंडियाँ खुलेआम सड़कों पर घूमती हैं। रविवारों को साहब लोग अपनी औरतों को चर्चों में ले जाते हैं जहाँ वे बाँहों में बाँहें डालकर नाचते हैं।

इस तरह पंडा बाबा जंगली मैकल पहाड़ियों के बीच एक छोटी-सी खस्ताहाल कच्ची झुग्गी में रहते हैं। इसी स्थान पर कभी बहुत पहले कपिल मुनि, अगस्त्य, भृगु आदि ऋषि परम सत्य की खोज में घूमते रहते थे।

II

एक दिन हमारी डिस्पेंसरी में एक फटेहाल लँगड़ाता हुआ आदमी आया जिसका एक हाथ एक तरफ लटका हुआ था और दूसरा एक गन्दे कपड़े के टुकड़े में लिपटा था। यह पच्चीस बरस का गोंड नौजवान तूता था जिसको मिर्गी का मर्ज़ था। कुछ दिनों पहले जब उसे मिर्गी का दौरा पड़ा तो वह आग में गिर पड़ा और उसका काम करनेवाला हाथ बुरी तरह झुलस गया। उसका मांस सड़कर बदबू मारने लगा था। नतीजतन उसके पड़ोसियों ने उसे गाँव से बाहर खदेड़ दिया। हमने उसे सौ मील दूर एक अस्पताल में भिजवाया। हमें डर था कि कहीं वह ज़िन्दगी न खो बैठे या उसका एक हाथ काटना पड़ जाए।

किन्तु एक बहुत काबिल सरकारी डॉक्टर के इलाज में उसकी ज़िन्दगी और हाथ दोनों बच गए। सिर्फ एक उँगली काटनी पड़ी। और उसे अस्पताल से छुट्टी मिल गई।

उसे पहले रेल द्वारा बिलासपुर से पेंड्रा रोड तक सफ़र करना था। उसे टिकट देकर स्टेशन भेज दिया गया। प्लेटफार्म पर उसने धुआँ छोड़ती हुई ट्रेन को बाहर जाते हुए देखा। तूता पटरियों के किनारे इसके पीछे दौड़ने लगा। मीलों दौड़कर वह दूसरे स्टेशन तक आ लगा। वहाँ वह लेट गया और उसे गहरी नींद आ गई। एक गुज़रती हुई ट्रेन का शोर सुनकर वह उठ बैठा। उसे पहली ट्रेन समझकर वह उसके पीछे तब तक दौड़ा जब तक तीसरा स्टेशन नहीं आ गया। एक सज्जन स्टेशन मास्टर ने उसे स्थिति समझाई, खाना खिलाया और सही ट्रेन में सवार कर दिया। जंगल के बीच पच्चीस मील का सफ़र करने के बाद वह करंजिया पहुँच गया। यहाँ पहुँचकर उसने हमें बताया कि वह हमेशा हमारे साथ रहेगा।

तूता एक बहुत सादा और आम गोंड था। वह प्रकृति प्रेमी कवि वर्ड्सवर्थ की कविता जैसा था जबकि पंडा बाबा का मुकाबला रहस्यवादी कवि ब्लेक की रचना से किया जा सकता था। तूता की ज़रूरतें बहुत कम थीं—वह खासतौर पर खाने में दिलचस्पी रखता था : कम से कम एक पत्नी उसने इसलिए छोड़ दी कि वह अच्छा खाना नहीं बना सकती थी। लम्बे समय तक उसने किसी स्त्री की ओर नहीं देखा यह सोचकर कि कहीं उसकी नज़र बुरी न हो। नारी-प्रधान गोंड समाज में यह देखकर बड़ा मज़ा आता था जब तूता किसी लड़की को चुड़ैल समझ दूसरी तरफ़ मुँह फेर लेता था और ज़ोर-ज़ोर से बीड़ी के सुट्टे खींचने लगता था। तूता ने एक दफ़ा मुझे बताया, 'एक शाम मैं जंगल से गुज़र रहा था कि मुझे एक बग़ैर सिर का आदमी मिला। हुआ यह था कि मेरी साली ने मरे हुए शिशु को जन्म दिया। मैंने उससे कई बार कहा कि वह उसे एक मिट्टी के बर्तन में रखकर गोबर के ढेर में दफ़ना दे लेकिन उसने मेरी नहीं सुनी। मुझसे दुश्मनी रखनेवाली एक चुड़ैल उस बच्चे के भूत को धरती पर ले आई और उसको एक सिरहीन आदमी के जिस्म में रहने की जगह दे दी। उस आदमी ने जंगल में सेनगुडा से बिजोरी तक मेरा पीछा किया।'

पता नहीं तूता की ज़िन्दगी में क्या गुज़रा था जिसने उसे औरतजात के इतना खिलाफ़ कर दिया। वह आसानी से किसी औरत से धोखा नहीं खा सकता था और न कोई औरत ही उसका स्वभाव देखकर उससे बेवफ़ाई कर सकती थी। तूता एक अच्छा गायक है और वह नफ़रत से भरा मज़ा लेते हुए यह सैला गीत गाता है :

तुम दो आने कमाती हो जो खुद पर खर्च कर देती हो,
और तुम बनावटी प्यार के लिए जीती हो।
क्या तुम लाल साड़ी पहनकर मुझे बेवकूफ़ बना सकती हो ?
तुम अपने छोटे बिछुओं से बहुत शोर मचाती हो,
कुएँ पर जाते हुए तुम तेज़ चाल से चलती हो
ताकि तुम्हारी पायजेब खूब बजने लगे।
एक आने में तुम चूड़ियाँ और चमकती बिंदिया खरीदती हो :
तेल लगाकर तुम अपने बालों को मुलायम और चमकदार
बना लेती हो।
गले में हार पहनकर तुम अपनी छवि देखने के लिए आईने
की तरफ़ दौड़ती हो।
अपनी सखियों को तुम बाज़ार में ले जाती हो,
वहाँ इधर से उधर चक्कर काटती हो
और घंटों तक खिलखिलाकर हँसती हो।

बाद में चलकर तूता ने यह साधुओं जैसा रुख छोड़ दिया। वह भी गोंड जाति के गीतों में पाई जानेवाली इस बात को मानने लगा—'तुम खा सकते हो, पी सकते हो, लेकिन लड़की के बिना ज़िन्दगी बेकार है।' तूता ने पत्नी पाने के लिए खोज शुरू कर दी। इस काम में उसको ज्यादा वक़्त नहीं लगा। शादी के बाद वह बड़े मज़े में है। उसे क्या चाहिए—अपने कान के पीछे एक गेंदे का फूल, सस्ती सिगरेटों का एक पैकेट, एक कम्बल, किसी त्यौहार पर थोड़ी-सी दारू, और छोटी झुग्गी के अन्दर बगल में अपनी रानी।

शादी के बाद भी तूता का चुड़ैलों के प्रति रवैया बदला नहीं है। ऐसी चुड़ैलों से वह डरता है जो—

भेड़ों से अपने मेमनों को फिंकवा देती हैं
जिनके कारण सुअर अपने बच्चों को खा जाते हैं,
घर की औरतें पीपे नहीं भरतीं, दूध नहीं बिलोतीं।
ये चुड़ैलें बच्चों की कलाइयाँ मरोड़ देती हैं,
रात में उनके साँस चूस लेती हैं,
और उनका काफी खून पी जाती हैं।

गोंड लोग अपने जादू के लिए हमेशा से मशहूर रहे हैं। 1844 में स्लीमैन की 'रैमबल्स एंड रिकलैक्संस ऑफ एन इंडियन ऑफीशियल' लिखी गई थी। उसमें गोंड जादूगरनियों के बारे में कई कहानियाँ हैं। एक सिओनी में रहती थी जिसने

एक सैनिक से इसलिए बदला लिया कि उसने उससे दूध लेकर पैसे नहीं दिए थे। एक घंटे के अन्दर ही सैनिक पीठ के बल लेटकर पेट के दर्द से चीखने-चिल्लाने लगा। बूढ़ी जादूगरनी को बुलाया गया जिसे हाथ-पैर जोड़कर मनाया गया। उसके कारगर जादू से सैनिक बहुत जल्द ठीक हो गया।

एक चपरासी को सन्देश पहुँचाने के लिए जबलपुर से मंडला भेजा गया। रास्ते में उसने एक बूढ़ी गोंड औरत से मुर्गा लिया और सफ़र के बाद लगी भूख के कारण कढ़ी में मिलाकर पूरा मुर्गा चट कर गया। चपरासी बिना पैसे दिए सो गया। तीन घंटे भी नहीं गुज़रे थे कि उसने पेट के दर्द से कराहना शुरू कर दिया और मुर्गा उसके पेट में कुकड़ू कूँ करने लगा। वह उल्टे पाँव जबलपुर गया। रास्ते में कई जगह रुका। जबलपुर में कोई भी गोंड बुढ़िया के जादू को नहीं उतार सका। आखिरकार वह मर गया और मरने तक मुर्गा उसके पेट में बोलता रहा।

अगर आज भी गोंड लोगों के सारे मुर्गे बिना कीमत चुकाए खा लिए जाएँ तो पेटों में से उनकी इतनी आवाज़ें आएँगी कि पूरा सेन्ट्रल प्रोविंसेज एक मुर्गीपालन फार्म लगने लगेगा।

तूता जैसे नादान और कम बोलनेवाले गोंड ज़िन्दगी और मौत के बारे में क्या सोचते हैं, कहना मुश्किल है। सिर्फ़ पंडा बाबा बता सकते हैं कि स्वर्ग 'मीलों लम्बा जंगल है जिसमें जंगल-गार्ड्स नहीं होते' और नरक 'मीलों तक फैला हुआ एक ऐसा जंगल जिसमें महुआ के पेड़ नहीं हैं'—महुए के फलों से दारू खींची जाती है। नरक दरअसल एक सूखा इलाका है। तूता की नज़र में मौत का अर्थ सिर्फ़ बूढ़ा देव के पास जाना है। वह गोंडों के अहम देवता हैं जो धरती पर साज नामक पवित्र पेड़ में रहते हैं। लेकिन तूता नहीं चाहता कि उसे साज पेड़ के नीचे दफ़नाया जाए। उसे महुआ पसन्द है ताकि मरने के बाद भी वह उसकी जड़ों को चूसकर मस्त हो सके। ज़िन्दगी के बारे में एक बार तूता ने मुझे बताया, 'ज़िन्दगी का मतलब है दोस्ती : जीने का मतलब है दोस्तों का होना। हम किसलिए लड़ें ? हमें सबके प्रति रहमदिल होना चाहिए।' गहरे से गहरा फलसफा भी इससे आगे नहीं गया है।

जहाँ पंडा बाबा अपनी जाति की तहजीब और संजीदगी का पहलू उजागर करते हैं, वहीं तूता गोंड गुरबत का। इस ग़रीबी का अन्दाजा लगाना मुमकिन नहीं। एक बार आग के कारण एक घर पूरी तरह जल गया। इसमें माँ, बाप और उनके चार बच्चे रहते थे। उनका सारा सामान घर के साथ स्वाहा हो गया। वे सब राख में बैठे हुए विलाप कर रहे थे। मैंने उनसे पूछा कि नया सामान ख़रीदने में कितना ख़र्च आएगा। कुछ झिझकते और शरमाते हुए उन्होंने कहा—चार रुपए।

यह एलडस हक्सले की नई किताब की क़ीमत थी।

कुछ दिन पहले एक मारिया गोंड ने आदमखोर चीते से एक फारेस्ट ऑफिसर की जान बचाई। इसके लिए उसे अल्बर्ट तमगा दिया गया। किन्तु गवर्नर ने देखा कि गोंड ने सीने पर कोई कपड़ा नहीं पहना हुआ था जहाँ तमगे को टाँगा जा सके।

चीन के ताओ शी चिंग की यह अच्छी कहावत गोंड लोगों पर पूरी तरह लागू की जा सकती है :

लोग भूखों मरते हैं क्योंकि ऊपरी तबकेवाले बहुत टैक्स-दाना पचा जाते हैं। लोग इसलिए अनुशासन में नहीं रहते क्योंकि ऊपर के लोग खुद दखलंदाज़ी करते हैं। लोग मौत से नहीं डरते क्योंकि ऊपरी तबका ज़िन्दगी के पीछे दौड़ रहा है। हक़ीक़तन जो लोग ज़िन्दगी को अहमियत नहीं देते वे दूसरों से बेहतर हैं।

III

सिओनी के जंगलों में, जो कि किपलिंग की 'जंगल बुक्स' का लोकेल है, आग के चारों ओर बैठकर गोंड यह गीत गाते हैं :

जैसे अन्न का दाना खाने में अच्छा है,
उसी तरह जवान माता-पिता को अपना
बच्चा भी अच्छा लगता है।
माँ और बच्चा साथ-साथ
खेल सकते हैं।
किन्तु जब अन्न का दाना सूख चुका हो

बच्चे का जन्म अच्छा नहीं लगता। जंगलवासी अपने बच्चों को प्यार करते हैं। इसमें आश्चर्य करनेवाली कोई बात नहीं। उनके लड़कों और लड़कियों से ज्यादा खूबसूरत और दिलचस्प जवान कहीं नहीं। परिवार में लड़कियों को लड़कों जैसी हैसियत हासिल है। दूर जंगल में रहनेवाले एक बूढ़े बैगा ने मुझे बताया था, 'दुनिया में सबसे बड़ा प्यार बच्चों के लिए प्यार है।' बच्चे को एक खुशी देनेवाला साथी माना जाता है। इसलिए पालने की देवी झूलन को बहुत आदर दिया जाता है। बच्चे को पीटा नहीं जाता। अगर कभी ऐसा होता है तो पड़ोसी आकर बच्चे को बचा लेते हैं और पीटनेवाले के खिलाफ बहुत शोर मचाते हैं।

गोंड कहानियों में बच्चों का बहुत ज़िक्र आता है। सबसे पहले लड़के और सबसे पहली लड़की के नाम थे अदिरान-पेरिओल और सुकमा-देवी-वेलर, हालाँकि

वे एक-दूसरे को छोटे नामों से पुकारते होंगे। वे समन्दर में अंडों से निकले थे। जब वे सूखी ज़मीन पर आए तो उन्होंने एक सुन्दर घर बनाया जिसमें उन्होंने नीलकंठ के पंखों की छड़ें और मोर की पूँछ की बल्लियाँ लगाईं। वे उसमें रहने लगे। रतालू और जंगल में उगनेवाले फल उनका भोजन था। सुकमा-देवी-वेलर की एक नन्हीं बेटी थी जिसके पास धान कूटनेवाले सोने का एक मूसल और सोने की एक बाल्टी थी। वह इनसे खेलती रहती थी। उसकी पोशाक भी सुनहरी थी। इसी तरह एक दूसरी कहानी है जो सन्दसुमजी के नन्हें बेटे सिंगबाबा से सम्बन्धित है। उसे जंगल में फेंक दिया गया था ताकि शेर उसे खा जाएँ। लेकिन एक रहमदिल शेरनी उसे उठा ले गई और उसको अपना दूध पिलाकर पालने लगी। एक दिन सिंगबाबा ने कहा, 'मैं नंगा हूँ : मुझे कपड़ों की ज़रूरत है।' शेरनी वहाँ से चल दी और बाज़ार जानेवाली सड़क के किनारे जा बैठी। मलमल और दूसरे कपड़े बनानेवाले जब वहाँ से गुज़रे तो शेरनी को देखकर डर गए और कपड़ों के बंडल छोड़कर भाग लिए। इन कपड़ों को पहनकर सिंगबाबा ने शेरनी के पाँव चूमे।

एक-दूसरे दिन सिंगबाबा को कमान और तीरों की ज़रूरत पड़ी। शेरनी ने उनका भी इन्तज़ाम किया। सिंगबाबा ने अपने छोटे भाइयों के लिए चिड़ियों का शिकार करना शुरू कर दिया। आख़िर में सिंगबाबा अपने घर लौट गया। एक ब्राह्मण उनको देखकर नहीं उठा तो उसके शेर भाइयों ने उसको खा लिया। छह बुरी पत्नियों को शेरनी के हवाले कर दिया गया क्योंकि उन्होंने ही सिंगबाबा को जंगल में फिंकवाया था।

इसी तरह रायलिंग भी एक अद्भुत बच्चा था। वह अपनी चमत्कारी मुस्कान के कारण मौत से बचा। उसकी माँ रानी ताल्को उसे मरवाना चाहती थी। उसने दो लड़कियों को बुलाकर हुक्म दिया कि वे उसके बेटे को जंगल में किसी बरगद के नीचे ज़िन्दा दफ़्न कर दें। जंगल में रायलिंग उनकी ओर देखकर इस तरह मुस्कराया कि उन्होंने उसे मारने का ख़्याल छोड़ दिया। रायलिंग को कमान और तीर से कबूतरों और हरे तोतों का शिकार करना पसन्द था। मंडला इलाके में यह कहानी थोड़ी बदल जाती है। इसमें रायलिंग एक फूल के अन्दर पैदा होता है। उसकी नाभि में एक रत्न है और मस्तक पर चन्दन। वह फूल में से लुढ़ककर हल्दी के ढेर पर गिर जाता है। यहीं वह खेलता रहता है। एक दूसरी कहानी है लाल नामवाले लड़के की जो बिलासपुर के जंगलों का बैगा हीरो है। वह भी तीर-कमान का शौक़ीन था लेकिन गुलेल वह बेहतर ढंग से चलाता था। उसका सबसे मनपसन्द खिलौना था—जादूवाला लकड़ी का घोड़ा। उसको नदी पर ले जाकर वह

ओर साँप ही साँप हैं, कभी अजगर खिसकता हुआ सड़क तक आ जाता है, कभी बर्तनों में छुपा हुआ भयंकर क्रेट दिखाई पड़ता है और आदमी की हथेली जितने बड़े, काले और बालोंवाले बिच्छू मिल जाते हैं।

मैं नहीं सोचता कि जंगल में घूमते और खेलते हुए गोंड बच्चों को अमरता का आभास होता है, किन्तु वे सुन्दर चीजों को प्यार करते हैं—फूल और खिलवा रंग, झरनों पर धूप, सरसों के फैले हुए महकते खेत, पलाश के पेड़ पर खूबसूरत नारंगी रंग के फूल, कचनार के खुशबूदार फूल, साल के पेड़ों का सदाबहार जंगल—

जहाँ छोटी पगडंडियाँ देखने में अच्छी लगती हैं
जो अपने से बेहतर खामोश पगडंडियों की तलाश में चलती हैं।

अपने बड़ों की तरह बच्चे भी यह विश्वास करते हैं कि जंगल में हर जगह आत्माएँ रहती हैं—

बड़े पेड़ों पर रहनेवाला नंगबंसी, जंगली जानवरों का मालिक भागेश्वर देव जो बहते पानी में और पत्थरों व झाड़ियों के नीचे रहता है, धूर्त माचन जो सड़कों से गुज़रनेवाले मुसाफिरों को लूटता है, क्रोध में अंगारे की तरह दहकता हुआ सेमूर वृक्ष की खोखल में रहनेवाला भूत, बड़े आकारवाला मकड़ामल छतरी जो शाम को सड़क लाँघते हुए देखा जा सकता है, और सारगलिल जिसका मुँह हमेशा खुला रहता है और जिसका निचला होंठ धरती छूता है और ऊपरी होंठ आसमान। इन बड़े जंगलों के बारे में बेशुमार कहानियाँ हैं। यहाँ—

कोमल पाँव वाली परियाँ गोल दायरा बनाकर नाचती हैं
चाँद की पीली रोशनी में, कभी-कभी डुबोते हुए
अपने चुराए गए बच्चों को ताकि वे
बुढ़ापे और नीरस मृत्यु से आज़ाद हो सकें

लेकिन पाँच बरस का होते ही आदिवासी बच्चा काम करने लगता है। लोहार की दुकान में, जिसकी रक्षा धमन-भट्टी का प्रेत लोहार सूर करता है, गोल कीड़ों से भरे बड़े पेटवाली, नन्हीं लड़की जिगरी भट्टी में मशक से हवा भरती है। एक मोटा, हँसमुख बच्चा रंगेर गालियाँ दे-देकर जानवरों के झुंड को हाँकता है, ऐसी गालियाँ जिन पर फल-सब्ज़ी बेचनेवाला भी गर्व कर सकता है : दस साल छोटा बालक हज़ारी जंगली सुअर और चोरों को भगाने के लिए रातभर गेहूँ के खेत में जागता है। छोटी लड़कियाँ चावल भूसी को अलग करती हैं, गोबर से आँगन और चौकी लीपती हैं और नन्हें बच्चों को सँभालती हैं। लेकिन इन सब कामों के बीच वे खेल के लिए कुछ समय भी निकाल लेते हैं।

गोंड बच्चे के पास हर तरह के खेल हैं। वह बूढ़ों की नकल उतारना पसन्द

करता है, किसी की मौत पर अपनी दादी के रोने की, किसी शादी में नशे में टुन्न अपने बाप की—समय-समय पर अपने 'हास्य मंच' को भरते हुए हर आयु के अभिनेताओं से बुढ़ापे तक जिनको ज़िन्दगी धीरे-धीरे अपने साथ लाती है।

आप छोटे लड़कों को सुन्दर ढंग से सैला नृत्य करते देख सकते हैं, या एक लाठी पर पंख बाँधकर उनमें से किसी एक को आनन्द के उन्माद में चक्कर काटते हुए देख सकते हैं जिसका भीड़ भरपूर लुत्फ़ उठाती है। मैंने एक बार लड़कों के एक समूह को छोटी-बड़ी पत्तियों से जुआरियों की तरह ताश खेलते हुए पाया है। दशहरे पर वे साधुओं का वेश धारण करते हैं और कटोरों में अनाज माँगते फिरते हैं। जब काफ़ी अनाज हो जाता है तो वे जंगल से लकड़ियाँ लाते हैं और लड़कियाँ उनके लिए रात का खाना तैयार करती हैं। बरसात खत्म होने पर लड़कियाँ काली हंडिया में छेद करके दीवे को उसके अन्दर रख देती हैं और कभी-कभी उस बरतन पर गारे का कबूतर बनाकर भी चिपका देती हैं। नाचते और गाते हुए वे भी लड़कों की तरह अनाज माँगने निकलती हैं। अगस्त में लड़के बैसाखियों पर चढ़कर अपना क़द बढ़ा लेते हैं। यह गिरि-माता के त्यौहार पर किया जाता है। इसके पीछे यह सोच है कि फ़सल भी उनकी तरह की ऊँची होगी।

बच्चों को पहेलियों में बड़ा मज़ा आता है। मुझे याद है कि एक शाम वे आग के चारों ओर बैठकर यही काम कर रहे थे। कुछेक को अस्सी से सौ तक पहेलियाँ आती थीं। उनका उत्तर देने में जो देर लगाता था उसे हेय दृष्टि से देखा जाता था। 'बिना पैरों के यह चढ़ती है, बिना जीभ के यह खाती है; अगर यह पानी पी ले तो यह मर जाती है।' अर्थात् आग। 'इसके गर्दन है लेकिन सिर नहीं, बाँहें हैं किन्तु हाथ नहीं।' यानी कमीज़। 'जब मैं शादीशुदा नहीं थी तो वे मुझे बराबर पीटते थे। शादी होने के बाद कोई मेरे सिर को भी थपथपाने से डरता है।' यानी मिट्टी का बनाया हुआ बर्तन। पहले पीट-पीटकर गारा तैयार किया जाता है और बर्तन बन जाने पर कोई उसे इसलिए नहीं थपथपाता कहीं वह टूट न जाए। यह दूसरा कारण है कि अन्य जाति के आदमी द्वारा छू लिए जाने पर उसे फेंक दिया जाता है। 'एक बिना पैरोंवाला चोर आया और बिना बाँकवाली भैंस को चुरा लिया।' एक बिना सिरवाले धूर्त ने देखा और धीरे से जाकर सारी कहानी लोगों को बता दी। अर्थात् साँप जो मेंढक को खाता है, एक केकड़ा उसे देखकर भाग जाता है। इस तरह गाँव के जीवन का हर पहलू इन पहेलियों में उजागर होता है।

आखिर बच्ची को जवान बनना पड़ता है। इस सम्बन्ध में एक गोंड गीत है जो दर्द से भरा हुआ है।

मैं बच्ची थी तो माँ की गोद में खेलती थी

जवान होने पर मुझे दूसरे की ज़िन्दगी में भागीदार बनना पड़ा।
जब मैं बच्ची थी, कितने आनन्द थे उस सुदूर अतीत में।
मैं जब दूसरे बच्चों के साथ खेलती थी।
अब मुझे एक आदमी की ज़िन्दगी में भागीदारी करनी है।
तो भी मेरे स्वामी, याद रखो कि मैं अभी भी एक बच्ची हूँ।
यदि तुम्हारी बच्ची तुम्हें सन्तोष न दे
तो उसके लिए आप धीरज से काम लें।

IV

चौबीस बरस पहले, पवित्र मैकल पहाड़ियों पर छाए हुए ऊँचे जंगल में बसे एक गाँव में रोमांटिक प्रधान जाति के घर एक बच्ची का जन्म हुआ। प्रधान लोग चारण और भविष्यवक्ता गोंड थे। बच्ची के जन्म पर उसका बाप तीन दिन तक शिकार के लिए नदी पर रहा। आख़िरकार उसने एक किंगफिशर का शिकार किया। किंगफिशर नदी की नाचती लहरों पर उड़ता रहता है और इसके खुले डैने हवा में नृत्य करते हैं। इन बातों के अलावा यह बहुत ताकतवर और सुन्दर पक्षी है। बाप इसको घर ले आया और इसके मांस का एक छोटा टुकड़ा बच्ची को खाने के लिए दिया।

उसके अन्दर किंगफिशर की आत्मा थी और अपने बाप की मर्जी के मुताबिक वह एक ऐसी नचनिया बनी जो—

जगा सकती थी
चपल सींग-बाजे और डफली को,
और हमारे गीतों और नृत्यों का मोहक
मेल कर सकती थी जंगल में।

हम इस लड़की को फूलमत कहेंगे। फोरसीथ ने बहुत पहले गोंड औरतों के बारे में कहा था : 'वे अत्यन्त स्वस्थ हैं और मर्दों से कहीं ज्यादा सुन्दर। अन्दरूनी इलाके में गोंड औरतों के झुंड देखे जा सकते हैं। वे बन्दरों की तरह उछल-कूद मचाती रहती हैं। उनके नक़्श तीखे हैं और ज़िस्म थोड़ा मोटा। लड़कियों के मोटापे में भी खूबसूरती और कशिश है। चेहरे पर नटखटी भाव है। उनकी जवानी अलबत्ता लम्बे वक़्त तक नहीं रहती। उसके ढलते ही वे भद्दी दीखने लगती हैं।'

फिलहाल इस वर्णन को छोड़ता हूँ। मैं आपको फूलमत से मिलवाता हूँ। वह नदी के सिर पर चमकती हुई पीतल की टोकनी उठाए हुए आ रही है। उसकी

टोकनी पर सुबह की चमक है और उसके हाव-भाव एक राजकुमारी जैसे हैं। उसका चेहरा अंडाकार, रंग हल्का, उसके चमकते काले बालों की लटें कनपटियों पर झूम रही हैं, उसकी गर्दन में कई रंगों के चमकते मनकों की माला है और रंगीन रिबनों से उसने बालों को पीछे की ओर बाँध रखा है। वह आपके अन्दर रोशनी, ज़िन्दगी और रंग का भाव जगाती है। वह चमकते हुए सोने की लड़की जान पड़ती है।

चलिए उसका नाच देखें। गोंड लोग उसके नाच की तुलना किसी ऊँचे पेड़ की शाखों में बहनेवाली हवा से करते हैं : यह नदी के चमकते पानी के ऊपर उड़नेवाला किंगफिशर है। फूलमत में जंगल का फल और फूल नज़र आता है। सिर्फ़ फूलमत ही खूबसूरत नहीं, सैंकड़ों गोंड लड़कियाँ हैं जिनमें ओड्रे के बजाय टैस की झलक दिखाई पड़ती है। अगर गोंड किसी समय राजा थे तो उनकी औरतें अब भी राजकुमारियाँ हैं। वे आज भी शासन करती हैं। गोंड गाँव में औरत मर्द की गुलाम नहीं। घर में पत्नी वास्तविक शासक है। वह आज़ाद है और इसीलिए खुश है। फूलमत औरतों के हक में बात करती है। मज़ा लेते हुए वह स्त्री-राज या औरतों की बटालियन का ज़िक्र करती है जो एक बार पड़ोसी ज़िले में हुआ करती थी। तब औरतों की बड़ी भीड़ जमा हुई थी और उन्होंने ये ऐलान किया कि वे सिपाही हैं और राज करेंगे। वे एक स्थान से दूसरे स्थान तक मार्च करते हुए निकलीं। वे बकरी का सिर पहले ही भेज देती थीं जो उनके आने का संकेत था। उनके बाल खुले हुए थे जो हवा में लहराते थे। उनके हाथों में भाले और कुल्हाड़ियाँ थीं। उन्होंने गोंड गाँवों के मर्दों को विनम्रता का सही सबक सिखा दिया। फूलमत धमकी देती है कि कुछ बरसों बाद औरतों की हुकूमत फिर आएगी। फिलहाल गोंड औरतों को इसका पूर्वानुमान इस बात से होता है कि वे फाग के त्यौहार पर एक झुंड में गाँवों से गुज़रती हैं और जो मर्द उनके हत्थे चढ़ जाता है उसकी जमकर धुनाई करती हैं और तब तक उसे नहीं छोड़तीं जब तक वह उन्हें कोई भेंट न दे दे। इस त्यौहार पर मैं खुद उनके सामने नहीं आता और कहीं छुपकर बैठ जाता हूँ।

लेकिन फूलमत को कोढ़ है। वह हमारे ज़िले के एक दिलफेंक गबरू जवान की दूसरी पत्नी थी जो बाद में चलकर कोढ़ के कारण बदसूरत हो गया था। उसकी पहली पत्नी को तो कोढ़ नहीं हुआ लेकिन फूलमत को हो गया। फूलमत उसे सच्चा प्यार करती थी और उसने बहुत लगन से उसकी सेवा की किन्तु उसे मरने से नहीं बचा सकी। हालाँकि वह आख़िर तक मौत से जूझता रहा किन्तु उसके परिवारवालों ने उसको रुपया निगलवा दिया जिसके कारण उसका अन्त

नज़दीक आ गया। फूलमत हमारे कोढ़ी आश्रम में टिकी रही।

अगर तूता गोंड गुरबत की प्रतिमूर्ति है तो फूलमत जंगल के रोमांस की। गोंड के लिए गाना और नाच संस्कृति का आदि और अन्त है। गाँववालों को नाच के लिए बुलाने के लिए जैसे ही ढोल पर पहली थाप पड़ती है तो फूलमत के चेहरे पर रोशनी फैल जाती है।

ओ मेरे प्यारे, वे खूबसूरत जंगल में दूरी पर ढोल पीट रहे हैं
उस ढोल की गूँज पर पहाड़ियों में प्रतिध्वनित हो रही है।

संगीत के बल पर ही रायलिंग अपने कबीले के लिए आग लेकर आया था, आग जो एक भयंकर दैत्य रिकाद गवादी के कब्ज़े में थी। रास्ते में रायलिंग ने पहली 'कींगरी' बनाई। इसमें एक छोटे बाँस पर उसने तीन कद्दू अपने दो बालों में लटकाए और दैत्य के इलाक़े में जाकर बजाने लगा। उस समय पेड़ और पहाड़ियाँ शान्त थीं। दैत्य उठा क्योंकि वह उस संगीत को और सुनने का इच्छुक था। 'यह जीव कहाँ से आया है जो मैना की तरह गा रहा है ?' संगीत की लय उसमें प्रवेश कर गई और उस नीच और बूढ़े दैत्य ने नाचना शुरू कर दिया।

वह सड़क तक आया और नज़दीक पहुँचा अपने खेत के जहाँ आग रखी हुई थी।

कभी बैठकर, कभी खड़े होकर, कभी कूदकर, कभी लुढ़ककर, वह नाचने लगा।

सुबह हुई किन्तु संगीत जारी था। उसकी बूढ़ी बीबी देखने के लिए आई।

उसे खेत की ओर से मधुर संगीत आता सुनाई दिया। जब वह खेत के किनारे पहुँची तो उसके कानों में संगीत पहुँचा। उसी बूढ़ी औरत ने अपने पति को अपने पास बुलाया। फैले हाथों, उठे पाँवों और गर्दन झुकाकर वह नाच रहा था। बूढ़ी औरत ने कहा, मेरे बूढ़े आदमी, मेरे पति, सच ही संगीत बहुत मधुर है, मैं भी नाचूँगी। अपने लिबास की तह को ढीला करके वह झाड़ी के नज़दीक नाचने लगी।

यह मज़ेदार बात है कि गोंड लोगों के पास 'रामायण' का दूसरा ही रूप है जिसमें लक्ष्मण हीरो है और पूरी कहानी संगीत की ताकत पर टिकी है। लक्ष्मण के पास एक अद्भुत 'कींगरी' है, एक 'निम्मत कींगरी', एक बाँसुरी जिस पर प्यार के गीत बजाए जाते थे। एक बार उसने 'कींगरी' बजाना बन्द करके उसे खूँटी पर टाँग दिया। 'कींगरी' दुख से आँसू बहाने लगी। लक्ष्मण की बाँसुरी की गूँज स्वर्ग तक पहुँची जहाँ परियों की देवी इन्द्रकमानी ने उसे सुना। वह अपने स्वर्गिक दरबार को छोड़ धरती पर आकर बाँसुरी बजानेवाले को तलाश करने लगी। लेकिन

लक्ष्मण पवित्रता और उसकी 'कींगरी' सत्य की प्रतीक थी। इन्द्रकमानी का कोई हाव-भाव उसे ललचा न सका। किन्तु राम को लक्ष्मण और सीता के सम्बन्धों पर सन्देह हो गया। उसने अनाज रखने के लोहे के ड्रम में लक्ष्मण को बन्द करके आग में डलवा दिया। लेकिन लक्ष्मण मज़े से उसमें बाँसुरी बजाता रहा और जब नौ दिन बीते तो वह सुरक्षित उससे बाहर निकल आया।

एक रोज़ भीमा लोगों का एक समूह आश्रम में आया। मर्द 'तूमा' बजा रहे थे और उनके आगे औरतें नाच रही थीं। प्रधानों की तरह भीमा भी गोंड कबीले की एक शाखा हैं और संगीत तथा नृत्य को समर्पित हैं। बहुत पहले, सीता का रामचन्द्र से झगड़ा हो गया। वह समझ नहीं पा रहे थे कि पत्नी को कैसे मनाया जाए। लेकिन विशालकाय भीमसेन ने अपने बदन से कुछ मैल लेकर उसका एक छोटा-सा आदमी बनाया। फिर उसने एक कद्दू, अहीर का बाँस, कुछ मोम, और काले हिरन के स्नायु से बनी एक डोरी ली और सबसे पहला 'तूमा' बनाया। भीमसेन ने इसको अपने छोटे आदमी को दिया जिसने इतना बढ़िया गाना और नाच किया कि सीता अपना गुस्सा भूल गई। इसके बाद 'तूमा' का नाम 'मोहन-बाजा' पड़ गया यानी खुशी देनेवाला बाजा। इसको बजानेवाला छोटा आदमी पहला भीम कहलाया। तब से भीमा के वंशज गाँव-दर-गाँव नाचते-गाते घूमते रहते हैं। मैंने उनसे पूछा, 'क्या आपके अपने खेत हैं ?' 'यह हमारा खेत और बैलों की जोड़ी है'; 'तूमा' की ओर इशारा करते हुए उन्होंने जवाब दिया। बाजे के कारण ही उनकी रोज़ी-रोटी चलती है।

भीमा लोग सचमुच ही संगीत की पूजा करते हैं। 'तूमा' के अन्दर उनके हीरो भीमसेन का वास है। संगीत को सम्मान देने के लिए वे दो त्यौहार मनाते हैं। जब नया धान तैयार होता है, तो उसमें से कुछ लेकर वे 'साज' की पत्ती पर उसे 'तूमा' के आगे रख देते हैं। फिर वे आग जलाते हैं और धान को आग तथा अपने बाजे पर डालते हुए कहते हैं, 'ओ भीमसेन, यह भेंट स्वीकार कीजिए क्योंकि संगीत आपका है।' दशहरे के त्यौहार पर वे एक कद्दू से बकरी बनाते हैं जिसमें टहनियों की चार टाँगें लगाई जाती हैं। कुछ फूल और गोबर की पिंडियाँ लेकर वे बकरी को 'तूमा' के आगे रख देते हैं। तब वे बकरी को बीच से काटते हुए कहते हैं, 'ओ भीमसेन, इस भेंट को ग्रहण करें क्योंकि संगीत आपका है : आपने इसे बनाया है।'

क्या आदिवासी के पास आधुनिक दुनिया के लिए कोई सन्देश है और क्या हमें जल्द-से-जल्द उन्हें संस्कृति की मुख्य धाराओं में शामिल कर लेना चाहिए ? गोंड लोगों की कुछ खास चीजें बचाई जानी चाहिए—उनकी सरलता और आज़ादी,

बच्चों के लिए उनका प्यार, उनकी औरतों की स्थिति, उनकी रूहानी स्वतन्त्रता और कई पूर्वीय मनाहियों से उनका नाइत्तिफाक। मेरे विचार से आदिवासी के पास आज की आधुनिक मिलावट दुनिया के लिए एक खास सन्देश है। हमारी दुनिया टूटने के कगार पर है क्योंकि यह भोगवादी है जिसमें प्यार की कमी है। पंडा बाबा, फूलमत और उनके पड़ोसियों ने एक ऐसा नज़रिया बनाया था जिसके बल पर वे गरीबी, रोग, नाउम्मीदी और विपत्ति का पूरी हिम्मत से सामना कर सकते थे।

गारे की झोंपड़ी से जो नज़रिया बनता है वह ज़िन्दगी से ज्यादा माँगने को मना करती है। वह चीज़ों को इकट्ठा करने और देवताओं से बहुत कुछ पाने में विश्वास नहीं करता। वह उन लोगों को ज्यादा से ज्यादा प्यार करने के हक में है जो आपको प्यार करते हैं। आखिरी दम तक आपका साथ देते हैं। सहज रूप से खुश रहना और मन से सरल रहना ही उनके सबसे क़ीमती सामान हैं।

गोंड के घर की दीवार पर बना दानव का चित्र

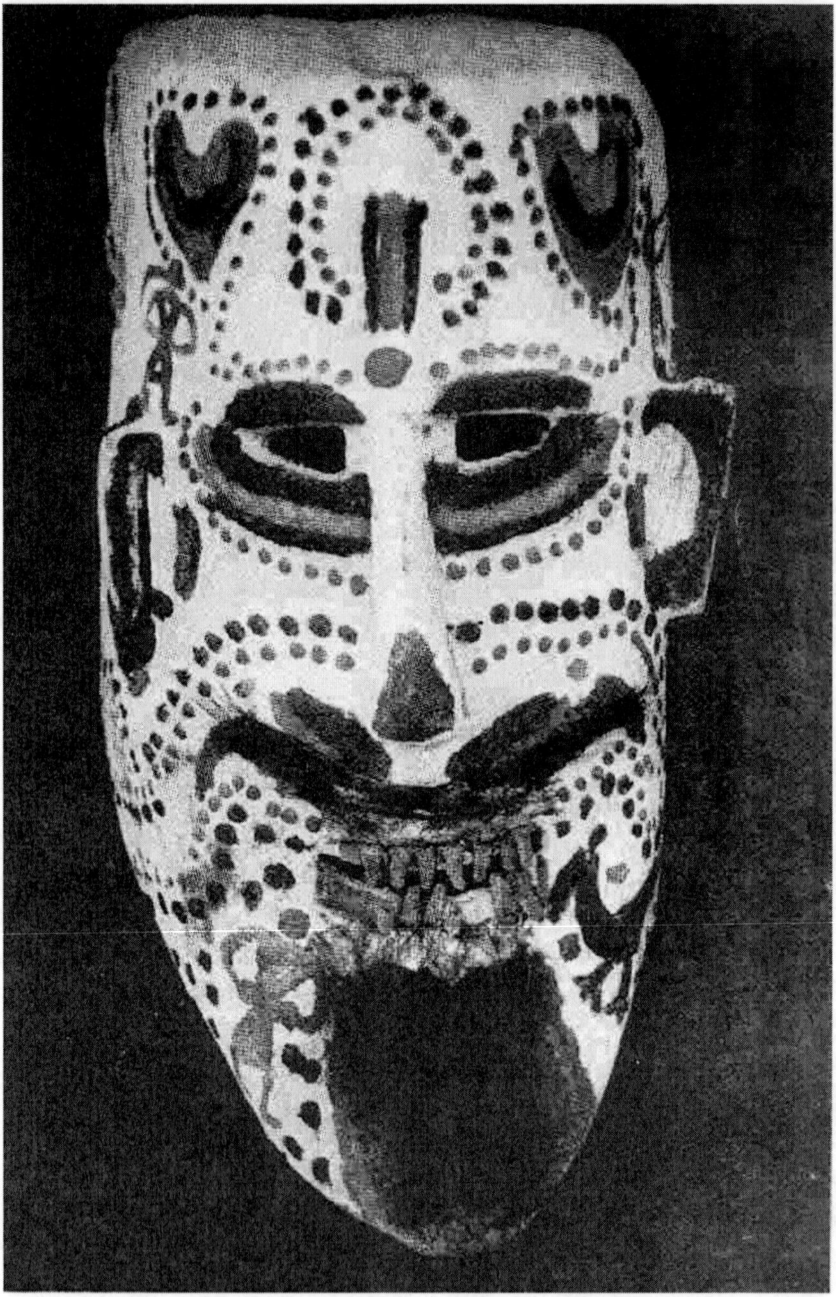

असुर का प्रतिनिधित्व करने वाला चित्रलिपिवाला गोंड मुखड़ा

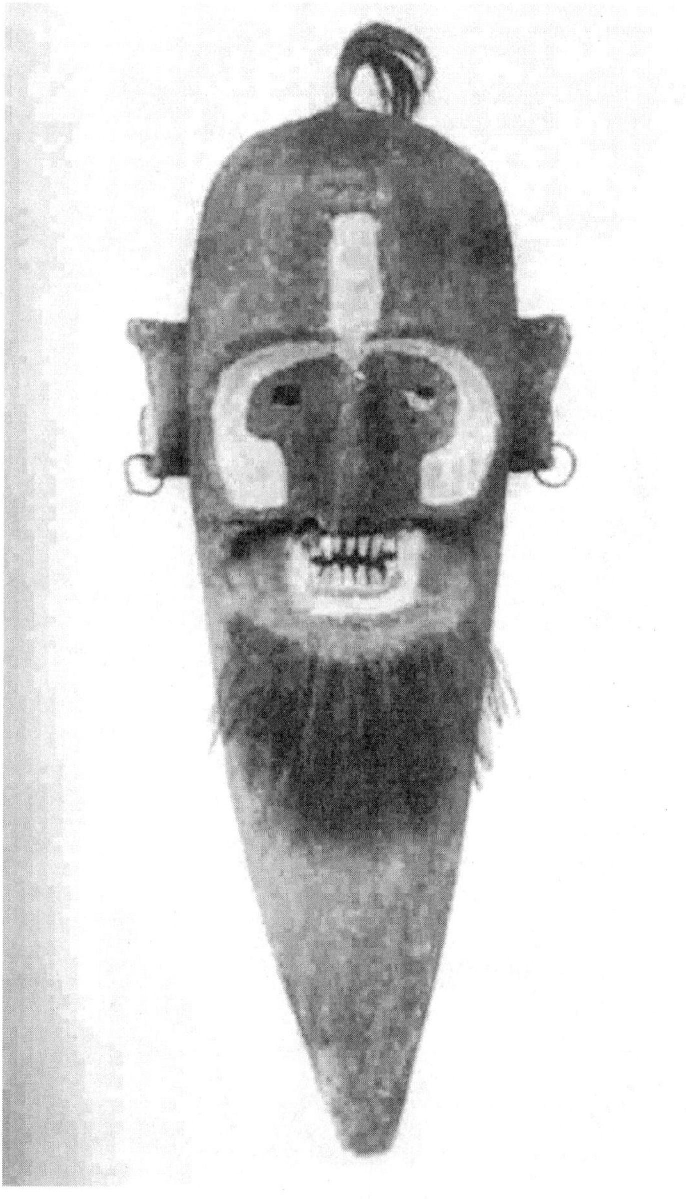

मौनी साधुओं द्वारा उपयोग किया जाने वाला गोंड मुखड़ा

प्रसिद्ध बैगा वैद्य

करंजिया के निकट खदान से अयस्क लाता एक अगरिया लोहार

मद्यपान करके स्वयं को ताज़ा करते बैगा लोग

अपने पुत्र को आशीर्वाद देते बैगा पिता

गोंड का एक प्रधान चारण

1932

जनवरी 28, बैलगाड़ी में शामराव के साथ करंजिया के एक अज्ञात गाँव के लिए निकला जो तैंतीस मील की दूरी पर था। सड़क के किनारे एक छोटे मन्दिर से गुज़रे जिसके साधु को एक बाघ ने इतना खा डाला था कि उसकी एक टाँग और नकली दाँत ही उसके चेलों को देखने को मिले। सड़क पर आगे चलकर एक गोंड मन्दिर देखने को मिला जहाँ बाघों की दो भयंकर गारे की मूर्तियाँ रखी हुई थीं। हमारे गाड़ीवान ने बताया कि दो बाघों के बीच सोना बहुत सुरक्षित है। किन्तु वहाँ सोने के लिए हमें जगह नहीं मिली। अँधेरे में ही हमने खाना बनाया और खाने के बाद हम अपनी बैलगाड़ी में सो गए। घास से भरी उस गाड़ी में शामराव तो आराम से सो गया किन्तु मुझे सोने में काफ़ी दिक्कत पेश आई।

जनवरी 29, सत्ताईस मील का जंगल और घाट का सफ़र अभी बाक़ी था। आज हम सत्रह मील का सफ़र तय करने में कामयाब रहे और अँधेरा घिरने पर हम एक छोटी-सी बस्ती कबीर चबूतरा पहुँच गए जो काफ़ी ऊँचाई पर था और जहाँ गज़ब की ठंड थी। वहाँ एक तेंदुआ मिला जो हमें देखने के बाद कहीं दूसरी जगह डिनर की तलाश में चला गया।

जनवरी 30, आखिरकार दोपहर के लगभग हम करंजिया पहुँचते हैं जो एक खूबसूरत घाटी में बारह छोटे-छोटे गाँवों का समूह है। हम थकान से चूर हैं और हमारे बारे में यह ग़लतफहमी है कि हम रसद के आने से दो घंटे पहले पहुँच गए हैं। एक ठंडी चट्टान पर बैठकर हम सोचते हैं कि काश बीयर और घोंघे मिल जाते। गाँववाले हमें कुछ भी देने से मना कर देते हैं। बड़ी रक़म के बदले भी वे एक घड़ा पानी हमें नहीं देंगे। आखिरकार पुलिस हमें देखने आती है और तुरन्त सब ज़रूरतों का इन्तजाम हो जाता है।

जनवरी 31, करंजिया में घूमते हैं। यहाँ ईंटों की सिर्फ दो इमारतें हैं—पुलिस थाना और फौरेस्ट डिपार्टमेंट का दफ्तर। स्कूल के नाम पर भी एक मामूली इमारत है जिसका सालाना खर्चा हिन्दुस्तान में रह रहे एक अदना अंग्रेज सिपाही पर आनेवाली लागत से ज्यादा नहीं। एक बाज़ार है जिसके पूरे सामान की कीमत

दस पौंड के लगभग होगी। एक बहुत गन्दी शराब की दुकान है। ऐसी बदबूदार दुकान इंग्लैंड में नहीं मिलेगी। इन जगहों से कुछ दूरी पर एक छोटा-सा खूबसूरत गाँव है जो जंगल के किनारे पर स्थित है। यहाँ घरों के बीच में ऊँचे-ऊँचे पेड़ हैं। इस गाँव का नाम बड़ा मज़ेदार है–टिकेरा टोला। हम सीधे उस पहाड़ी पर जाते हैं जो गाँव से थोड़ी ऊँचाई पर है। यहाँ पहुँचते ही हम समझ लेते हैं कि यह गाँववालों के लिए दिशा-मैदान की जगह है। साथ ही हम सोचते हैं कि यहीं पर वह आश्रम बनाया जाना चाहिए जिसके लिए हम करंजिया आए हैं।

शाम को हम गाँव में जाते हैं जहाँ हमें एक कमज़ोर लेकिन बाखलूस मुसलमान मिलता है जिसका नाम हैदर अली है। वह एक झोंपड़ी हमें किराए पर देने को तैयार है। फिलहाल उसमें उसकी बकरियाँ रहती हैं। वह इनकी सफ़ाई करके हमें रहने के लिए देगा। किराया होगा तीन रुपए महीना। ऑक्सफोर्ड के मकान-मालकिनों द्वारा वसूले जानेवाले किरायों के मुकाबले यह हमें सस्ता लगा। लेकिन बाद में चलकर हमें पता चलता है कि माहवारी किराए से काफी कम में वह झोंपड़ी खरीदी जा सकती है।

फरवरी 1, हम यह सब कुछ करने के बाद वापस लौटते हैं। इस सफ़र में पहले की तरह तीन दिन लगते हैं। वापसी का मकसद है अपनी जायदाद को करंजिया ले जाना। जायदाद के नाम पर मेरे पास काले चमड़े की अटैची है जिसको मैं कई बार पश्चिमी अफ्रीका ले गया हूँ। इसके अन्दर बीस किताबें और कुछ कपड़े हैं। खाने का काफी सामान और बिस्तर आदि भी मुझे लेने थे।

फरवरी 5, वर्धा पहुँचते हैं जहाँ मेरा यह सामान है। अधिकतर पुराने दोस्त सत्याग्रह आन्दोलन के कारण जेल में हैं। मिसेज जमनालाल बजाज अभी बाहर हैं। वह हमें जमनालालजी के पायजामे पहनने के लिए देती हैं जो इतने चौड़े हैं कि शामराव और मैं मिलकर एक में समा सकते हैं। हमें खादी की मच्छरदानी दी जाती है जिसमें मच्छरों के अलावा हवा भी नहीं घुस सकती। बच्चे दो काम हमें सौंपते हैं–उनके लिए टिकट और सिगरेट कार्ड इकट्ठे करना। दोनों ही कामों पर गांधीवादी हल्कों में पाबन्दी थी। हम बच्चों से वायदा तो करते हैं लेकिन हमें शक है कि डाक हमारे पास कभी पहुँच पाएगी।

फरवरी 6, दुखी मन से वर्धा को छोड़ते हैं। उन नाविकों की तरह महसूस करते हैं जो किसी निर्जन टापू पर नौका टूटने के कारण रह जाते हैं। हमारे सामने यह मसला था कि अगर तीन सबसे खास किताबें हमें ले जानी हों तो वे कौन-सी होंगी ? बिलासपुर के नज़दीक किसी जगह गाड़ी रोक ली जाती है। पुलिस गाड़ी में चढ़कर लम्बे और अशिष्ट सवालात करती है। मेरे सामान और हुलिए की

चैकिंग की जाती है। पहले से ही जाँच-पड़ताल करनेवाले ने मेरे मत्थे दोष मढ़ने की सोच रखी है। मेरे अलग चेहरे-मोहरे और इस बात से कि मैं तीसरे दर्जे में सफ़र कर रहा हूँ वह मुझे शक्की नज़र से देखता है। वह पूछता है कि मेरे पास सरकार के खिलाफ़ कोई किताब तो नहीं। मैं हाँ में जवाब देता हूँ और यह उत्तेजना फैलाकर मैं उसको बाइबिल निकालकर दिखाता हूँ। मैं उसको बताता हूँ कि इसको पढ़कर उसकी ज़िन्दगी में भी क्रान्ति आ जाएगी। पुलिस बहुत जल्दी चली जाती है और उसे कुछ पता नहीं था कि आगे क्या होनेवाला है।

फरवरी 8, खातिर न करनेवाले छोटे कस्बे पेंड्रा रोड लौटते हैं। वहाँ एक रसोइए को तय करते हैं जो साफ़ तौर पर सबसे नीची जात का है लेकिन अपने को ब्राह्मण-ईसाई बताता है। रसद खरीदता हूँ। पेंड्रा रोड का पादरी मज़ा लेते हुए बताता है कि जो मिशनरी करंजिया गए वे तीन महीने के अन्दर ही खुदा को प्यारे हो गए। मुसलमान दुकानदार ने कहा कि वहाँ गोश्त मिलना बड़ा मुश्किल होगा।

फरवरी 10, हमें और हमारे सामान को करंजिया ले जाने के लिए एक खस्ता फोर्ड कार किराए पर तय की। ड्राइवर ने हमसे वादा किया कि वह सुबह सात बजे कार लेकर आ जाएगा ताकि जल्दी चलकर शाम होने से पहले हम अपनी मंज़िल पर पहुँच जाएँ। ठीक दस बजे शोर मचाती हुई कार आ पहुँची। सामने की सीट पर हाथ में बन्दूक लिए एक भारी-भरकम छोटा दारोगा बैठा हुआ था। उसने बताया कि ईसाई होने के नाते उसका फर्ज है कि वह सही-सलामत हमें करंजिया तक पहुँचा दे। उसको कार से जबरन उतारना मुश्किल काम है क्योंकि वह अपने को चर्च ऑफ इंग्लैंड का सदस्य भी बताता है। हमारे सामने एक बड़ी समस्या है। ड्राइविंग स्टॉफ में तीन लोग हैं—ड्राइवर और कार को धक्का लगानेवाले दो आदमी। इत्तिफाक से तीनों मोटे हैं। शामराव, रसोइया और मैं, इस तरह कुल मिलाकर सात सवारियाँ हैं। इसलिए सामान ढोने के लिए एक बैलगाड़ी अलग से करनी पड़ती है। साढ़े ग्यारह बजे हैं। ड्राइवर को ध्यान आता है कि वह पेट्रोल का ड्रम लेना भूल गया है। उसके साथी खाना खाने चले जाते हैं। डेढ़ घंटे तक हम तपिश और तमाशे में पैग़म्बरी दुख झेलते हैं। इस बात से हमारा दुख कुछ कम होता है कि छोटे दारोगा का तर्जुबा हमारे से भी खराब है। आखिरकार एक बजे के बाद तंग गलियों, कीचड़ों और नदियों से होते हुए कार पहाड़ी सफ़र तय करती है। सूरज ढलने के वक़्त हम बोंदार गाँव पहुँचते हैं जहाँ सड़क पूरी तरह खत्म हो जाती है। अभी भी मंज़िल दो मील दूर है। ड्राइविंग स्टॉफ हमारा सामान सड़क के किनारे रख देता है। मोटा दारोगा काग़ज के अन्दर से निकालकर

मछलियाँ खा रहा है। हम गाँववालों से कहते हैं कि वे हमारा सामान करंजिया पहुँचा दें। वे हमें आश्यर्च से देखते हैं और फौरन वहाँ वे भाग खड़े होते हैं। उनमें से एक रोने भी लगता है। आखिर में हम तय करते हैं कि थोड़ा सामान हम अपने साथ लेते चलें और बाक़ी वहीं छोड़ दें। लेकिन रसोइए ने कहा कि सामान उठाना उसका काम नहीं है। हम उसे पुरानी चमड़े की अटैची के साथ वहीं छोड़ देते हैं। रात हो जाती है। आख़िर हम टिकेरा टोला पहुँचते हैं। किराए की झोंपड़ी में बकरियाँ नहीं हैं लेकिन उसकी सफ़ाई बिल्कुल नहीं है। दो पड़ोसियों को मनाते हैं कि वे सामान और रसोइए को जाकर ले आएँ। हालाँकि उनकी अपनी राय है कि खुले जंगल में सोना बेहतर होगा जब तक झोंपड़ी की सफाई करके उसमें पुआल का बिछौना नहीं लग जाता। आखिरकार रसोइया आता है लेकिन वह थकान के मारे खाना नहीं बना सकता। लकड़ी और पानी भी नहीं था इसलिए भूखे पेट ही सबको सोना पड़ा।

फरवरी 11, गाँव में कोई भी हमें दूध, अंडे या सब्ज़ी नहीं बेचना चाहता। कोई हमारे पास तक फटकना नहीं चाहता। लेकिन आख़िर में एक बूढ़ी मैडगे मलबल क्रस्ट जो कि बहुत पहले कुँआरेपन में कई रोमांटिक लुत्फ उठाने के कारण बिरादरी से बाहर कर दी गई थी हमें पानी की सप्लाई देने को तैयार हो जाती है। हमारा मकान-मालिक हैदर अली बताता है कि उसकी पहली बीबी ने उसकी दूसरी बीबी को धक्का देकर कुएँ में गिरा दिया था और अब वह किसी दूर गाँव में छुपी है। वह तुरन्त मकान की मरम्मत शुरू कर देता है। दीवार के छेदों को गीले गारे से बन्द करता है और फर्श को गोबर से लीपता है। इससे हमें राहत मिलती है। बहुत से लोग जो पहले यहाँ रहे थे हमसे मिलने आते हैं और मुझे लैफकैडियो हर्न के शब्द याद आ जाते हैं—'क्या मैं सिर्फ अकेला आदमी हूँ ? नहीं, मैं एक पूरी आबादी हूँ, जिसकी संख्या का अन्दाजा नहीं लगाया जा सकता।'

फरवरी 12, जर्मन मिशनरियों की कब्रें देखने जाते हैं जो एक बड़े पेड़ की छाया में खेतों के पार से नज़र आती हैं। उनमें से पाँच 1842 में यहाँ आए—एक दवा बनाने और बेचनेवाला, एक पादरी, एक मकान बनानेवाला, एक बढ़ई लेकिन कुछ ही महीनों के अन्दर चार चल बसे और पाँचवाँ पागल हो गया। गाँव के लोग कहते हैं कि धरती माँ ने उन्हें मार दिया क्योंकि वे इसके रीति-रिवाजों को ग़लत कहते थे। वे यह बात खुले तौर पर नहीं कहते कि हमारा भी ऐसा ही अंजाम होगा।

फरवरी 13, रात की शान्ति पड़ोसी के खेत से आती तेज़ आवाज़ों से टूट जाती है। पहले हम बचाव का काम करने के प्रति प्रेरित होते हैं लेकिन हमारी

बुद्धि ऐसा करने से हमें रोक देती है।

फरवरी 14, सुबह होते ही एक तलाकशुदा गोंड विधवा यह समाचार देती है कि उसका पूर्व पति लेबुग्गा के नाम से यानी ('ऐसा आदमी जो उन्हें उठा ले जाता है') बदनाम है। वह एक रात खेत में श्रीमती बी.के. साथ पकड़ा गया। उसे बुक्कू ने पकड़ा था। उसने जबरन उस औरत पर हमला किया था। हम तुरन्त लेबुग्गा के घर जाते हैं जिसका चेहरा एक दयालु तेंदुए से मिलता है किन्तु ऐसा रोमांचक काम करने के लिए उसकी उम्र नहीं है। उसके चेहरे पर खरोंचों के बहुत-से निशान हैं और शामराव ने उन पर इस होशियारी से पट्टियाँ बाँधीं कि मैं हैरत में हूँ।

फरवरी 15, इस घटना से माहौल में फौरन बदलाव आता है। हमारा घर अब रहने लायक हो गया है। गाय के छप्पर को गिरजे और लकड़ी के सायबान को रसोई में बदल दिया गया है। दोनों के बीच जो छोटा बरामदा है, उसी में हम अधिकतर रहते हैं। हम हर वक़्त गाँववालों की नज़रों में रहते हैं। दोपहर तक लगभग आधा गाँव घर के बाहर बैठा है।

फरवरी 17, क्योंकि गाँव के लोग हमें देखते हैं, हमें अन्दर जाना पड़ता है और हम पादरियों की तरह दीवारों के डर के शिकार हो जाते हैं। लेबुग्गा अभी भी बिस्तर पर आराम करता है। हमें ताज्जुब होता है कि मिसेज बी. कानी है और उसकी एक आँख में भी बहँगापन है। अब वह भी अनुशासित दिखाई देती है।

फरवरी 22, लेबुग्गा शामराव के इलाज से तेज़ी से ठीक हो रहा है। शामराव को एक काबिल डॉक्टर समझा जाने लगा है। बूढ़ा लेबुग्गा तीसरे दर्जे का सिफ़लिस से पीड़ित है। वह जब इलाज के लिए आता है तो गिरजे में ठहरता है। इस छूत की बीमारी की मैं दबी ज़ुबान से बात करता हूँ और उसी लहज़े में यह कहता हूँ हमारे पास इसकी दवा नहीं है। मैं यह भी महसूस करता हूँ कि इनोज इस बीमारी का नाकाफ़ी इलाज है।

फरवरी 23, सिफ़लिस के बारे में झिझकू विक्टोरियन नज़रिया छोड़ना होगा। जब एक और सिफ़लिसी आदमी हमारे पास आता है तो लेबुग्गा खुश होकर कहता है, 'यह बीमारी हम सभी को है।' हमें यह जानकारी मिलती है कि इस प्रोविंस में 35,714 लोगों के लिए सिर्फ एक रजिस्टर्ड डॉक्टर है। हम बिना देर किए एक डिस्पेंसरी खोलने का निर्णय लेते हैं।

फरवरी 25, एक छोटा लड़का हमारे पास लाया जाता है जिसका एक हाथ बुरी तरह जला हुआ है। उसका प्राकृतिक इलाज किया जाता है। कमीज को

फाड़कर पट्टियाँ बनाई जाती हैं। दवाई की गोलियाँ और मरहम हम 'ऑल इंडिया मिशन्स टेबलेट इंडस्ट्री' से मँगाते हैं। ये दवाइयाँ अच्छी हैं। किन्तु पैकिंग के साथ एक डरावनी नसीहत भी होती है–अपने ईश्वर से मिलने के लिए तैयार रहो।

फरवरी 26, अमरकंटक जाते हैं जहाँ से नर्मदा नदी निकलती है। वहाँ एक बड़ा त्यौहार है। लोग कहते हैं कि एक दिन नर्मदा की पवित्रता गंगा से भी ज्यादा मानी जाएगी। अमरकंटक में तीर्थयात्रियों के बदन पसीने के कारण चिपचिपे हैं और साधु एकदम नंगे हैं। मुझे सेमुअल बटलर के ये शब्द याद आ जाते हैं कि आदमी का यह कहना कि उसकी कोई इच्छा नहीं है उसका सबसे बड़ा पाखंड है। करंजिया का छोटा दारोगा मिलता है। वह आध्यात्मिक भावना से नहीं, मेरा पक्का शक है कि अफीम के स्मगलरों की तलाश में आया है। हम लोगों के बीच राजनीतिक सुलहनामा हो जाता है और हम लकड़ी के हिंडोले का लुत्फ उठाते हैं। इसको छह तगड़े आदमी मिलकर चलाते हैं और कुछ देर के बाद लोगों को उतार दिया जाता है।

मार्च 1, एक बहुत बड़े सिर और टहनियों जैसी छोटी टाँगोंवाला छोटा लड़का हमारे घर लाया जाता है। उसकी माँ उसे लाती है। शामराव उसे बालामृत की शीशी पीने के लिए देता, जिसको उसे बराबर खुराकों में पीना है। यह एक मीठा और चिपकनेवाला टॉनिक है। साथ ही शामराव मालिश भी करने को कहता है। लड़के का नाम गणेश है। वह हमारे साथ खाना खाता है। उसकी खुराक बढ़ जाती है और वह पूरी ताकत से अपनी छोटी हथेलियों से हमें पीटने का मज़ा लेता है।

मार्च 2, गलती से मैं रसोइए से पूछ बैठता हूँ कि घी का कनस्तर इतनी जल्दी कैसे खत्म हो गया है। वह हमें नौकरी छोड़ने का नोटिस देता है और अपना सामान बाँधने लगता है। तीसरे पहर शानदार यूनीफॉर्म पहने दो पुलिस ऑफिसर तलाशी का वारंट लेकर आ धमकते हैं। मैं उनसे कहता हूँ कि पहले चाय पी ली जाए। रसोइया अभी तक नहीं गया है। वह इन रुआबदार पुलिस ऑफिसरों से इतना प्रभावित होता है कि नौकरी छोड़ने का खयाल उसके मन से निकल जाता है। चाय और ईश्वर के बारे में ऊँची किस्म की बातचीत के बाद वे तलाशी का वारंट मुझे देते हैं। हमारे सामान में उन्हें कुछ भी आपत्तिजनक चीज़ नहीं मिलती। इसे मेरी समझदारी कह लीजिए कि एक हफ्ता पहले ही मैंने वे क्रान्तिकारी पर्चे नष्ट कर दिए थे जिन्हें मैं ऑक्सफोर्ड यूनिवर्सिटी की लायब्रेरी में जमा कराना चाहता था। पुलिस ऑफिसर हैरान हैं लेकिन ईश्वर के सम्बन्ध में बराबर बतिया रहे हैं। तभी एक बड़ा तूफान आता है और बारिश तेज़ी से बरसने लगती है। हम भीग जाते हैं और पुलिस ऑफिसर हमसे भी ज्यादा भीगते हैं। मैं मन ही मन

खुश होने लगता हूँ। कह नहीं सकता कि यह भावना ईसाई नीति के खिलाफ़ है कि नहीं। स्वर्ग में रहनेवाले निश्चय ही नरकवासियों के दुखों से आनन्दित होते हैं।

मार्च 3, पुलिस ऑफिसरों के कल आगमन से गाँव में हमारा सम्मान बढ़ जाता है। गाँववाले सोचते हैं कि पुलिस ऑफिसर हमारे प्रति आदर प्रकट करने आए थे।

मार्च 7, दवाइयों के दो बड़े पार्सल आते हैं। एक मुम्बई के मित्र ने भेजा है जिसमें कैस्टर ऑयल, कुनीन, एस्प्रिन, गन्धक, दवा की मात्रा तौलनेवाली तराजू, कई बंडल रुई, पट्टियाँ और सफेद छोटी गोलियों की एक बोतल जिस पर एक रहस्यपूर्ण लेबल लगा है 'सब रोगों के लिए।' दूसरे पार्सल में हैं—सोडियम सैलीसिलेट, पोटाशियम आयोडीन, इचथिओल मरहम आदि हैं और दवाइयों के इस स्टॉक से हम डिस्पेंसरी खोल लेते हैं। डिस्पेंसरी में कम खूनवाले पतियों का हुजूम उमड़ पड़ता है। उन्हें नामर्दी की दवा चाहिए जो हमारे पास नहीं है।

मार्च 10, हमारे पास अब इतना बैंक बैलेन्स था कि आश्रम को बना सकें। पहाड़ी के एकदम किनारे पर और जहाँ से नीचे की ओर गाँव को देखा जा सके। फॉरेस्ट डिपार्टमेंट से आठ आने के सौ बाँस, और लट्ठे तीन आने का एक—इस भाव पर खरीदे जाते हैं। औरतें घास काटकर लाती हैं और उसको गारे और फूस के साथ मिलाकर दीवारों पर फैला दिया जाता है। एक हफ्ते की कड़ी मेहनत के बाद एक बढ़िया इमारत खड़ी हो जाती है। ठीक बीच में एक छोटा चर्च है और इसके चारों ओर गारे के पलस्तर की बाँसों से बनी दीवार है। इस तरह एक बड़ा आँगन बन जाता है। आगे पाँच कमरों का एक घर है जिसमें दरवाजे और चारदीवारी नहीं है। कमरों में बैठकर लगता है कि हम किसी जहाज के डेक पर बैठे हैं। हम पहाड़ी के किनारे की ओर नज़र डालते हैं तो ठीक सामने खूबसूरत जंगल से भरी घाटी है और दाहिनी तरफ़ फैली हुई पहाड़ियाँ और खेत हैं। दीवारों पर गोंड ढंग की सजावट है—गारे के जानवर, शेर, हाथी, ऊँट और मोर। आँगन के हर तरफ जगह-जगह पर क्रास हैं। सारी चीज़ें बहुत साफ़ हैं और पहाड़ी की सफेद मिट्टी से पोत दी गई हैं। हम अच्छी मजदूरी देते हैं—चार आने मर्दों को, तीन आने औरतों को, आश्रम की लागत सौ रुपए है जिसमें अकेले चर्च पर तीस रुपए खर्च हुए हैं।

मार्च 12, गणेश अब स्वस्थ और प्रसन्न है किन्तु सीधा नहीं चल सकता। गनपत का ज़िन्दा भूत उस पर चढ़ने लगता है। वह चालीस साल पहले गाँव का प्रधान था। एक दिन एक बड़ा अफसर गाँव में आया। इस खुशी में उसने जमकर

दारू पी। टुन्न होकर वह कैम्प गया जहाँ बड़ा अफसर ठहरा हुआ था। गनपत ने उसकी चारपाई पर खूब उल्टी की। इससे उसे थोड़ी राहत मिली। वह घर के लिए चल पड़ा लेकिन रास्ते में झाड़ी पर गिर गया। आला अफसर समझदार आदमी था। उसने किसी तरह उसे झाड़ी में से बाहर निकाला और गोबर और 'साज' के पत्ते के सामने कसम खिलाते हुए कि वह आगे कभी नहीं पिएगा उसे माफ़ कर दिया। धार्मिक होने के कारण गनपत ने इस कसम को सदा निबाहा। दुर्भाग्य से गनपत यह विश्वास करता है कि हमें ज़िले में सिर्फ़ एक ही काम से भेजा गया है कि उसे कम्बल का तोहफा दिया जाए।

अप्रैल 4, पिकनिक मनाने के लिए खूबसूरत गाँव भीमकुंडी जाते हैं जो नर्मदा नदी के किनारे पर है। उस जगह चट्टान में एक बड़ा गोलाकार छेद है जो कभी पवित्र हीरो भीमसेन के पाँव रखने से बना था। मैं इसमें विश्वास नहीं करता। बेहद गर्मी है। मेरे पास नाकाफ़ी कपड़े हैं। इसलिए नदी के निर्जन हिस्से में नहाता हूँ। धार के साथ बहते हुए मैं उस स्थान पर पहुँच जाता हूँ जहाँ लोग मुझे देखकर मज़ा ले रहे हैं। जल्दी से मैं चट्टान के नीचे खड़ा होकर अपने कपड़े ठीक करता हूँ और फिर जानवरों के छप्पर की तरफ़ बढ़ जाता हूँ जहाँ एक कुलीन ब्राह्मण ने हमें आराम करने की इजाज़त दे दी है। अनेक लोगों में वानर देवता की आत्मा प्रवेश कर जाती है और वे ऊँचे खम्बों पर चढ़ जाते हैं जो मोर के पंखों से सजे हुए हैं। वे कीलों जड़ी जंज़ीरों से अपने को पीटते हैं और लोहे की छड़ों को अपनी जीभों के आर-पार घुसा लेते हैं। यह काम मुझे बहादुरी से प्रेरित लगते हैं।

अप्रैल 8, हम एक ब्राह्मण के घर जाते हैं जहाँ शादी की दावत पर हमें बुलाया गया है। वहाँ शामराव को गीत गाना है। वह गलती से कबीर का भजन सुनाने लगता है जिसमें धन की निन्दा की गई है और ज़िन्दगी की नश्वरता को दर्शाया गया है। उसके गाने का ढंग लोग नापसन्द करते हैं।

अप्रैल 12, अचानक शामराव बहुत बीमार हो जाता है। पता नहीं चलता उसे क्या बीमारी है। टूटकर बारिश हो रही है और छत भी हमारा बचाव करने में नाकामयाब है। हम उसे चर्च में ले जाते हैं जो आश्रम में एकमात्र सूखी जगह है। उसका बिछौना वर्जिन मेरी की मूरत के आगे लगा दिया जाता है। क्वेकर ओट्स के टिन सोने की चारपाई के स्थान पर इस्तेमाल किए जाते हैं।

अप्रैल 13, गोंड लोगों का एक समूह चर्च में आ जाता है। वे शामराव के क्वेकर ओट्स टिन के आगे दंडवत हो जाते हैं। वे क्वेकर ओट्स टिन को ईसाई ईश्वर समझते हैं।

अप्रैल 14, गोंड लोगों की तलाक से सम्बन्धित रस्म देखता हूँ। यह रस्म बेहद आसान है और मुझे हैरत होती है कि इसे होलीवुड में क्यों नहीं अपनाया गया है। दोनों पार्टियाँ गाँव के बुजुर्गों के सामने आती हैं। वे मिट्टी के एक घड़े को तोड़ देते हैं जो पारिवारिक खुशी का प्रतीक है। एक तिनके को वे दो भागों में तोड़ देते हैं और तलाक़ की रस्म ख़त्म।

अप्रैल 15, शाम में माँ-बाप अपने छोटे लड़के को लाते हैं जिसके सिर और हाथ को तेंदुए ने बुरी तरह घायल कर दिया है। तेंदुआ घर में घुस आया था और खींचकर बच्चे को जंगल में ले गया था। शोर मचाते हुए माँ उसके पीछे भागी और इस तरह अपने बेटे की जान बचाई।

अप्रैल 16, शाम की प्रार्थना के लिए हम पहाड़ी के किनारे पर बैठे हैं। दो भालू आते हैं और प्रार्थना के बीच हमें उनकी ओर देखना पड़ता है। मेरे दिमाग में एक कविता बनती है :

जब भालू अपनी कर्कश और भद्दी आवाज़ों से
शाम की प्रार्थना में दखल देते हैं
तो आँखों को नीचे करना कितना मुश्किल है

अप्रैल 17, सेंट फ्रांसिस की जीवनी पर बहुत मेहनत कर रहा हूँ ताकि वह हिन्दुस्तानी पाठकों की समझ में आ सके। एक प्रतिलिपि मुम्बई के फादर कुथबर्ट को भेजी थी। उन्होंने बहुत ध्यान से उसे पढ़ा। तेरहवें, आठवें और पहले संस्करणों की भूमिकाएँ, छपाई की अशुद्धियाँ और विषय की रूपरेखा से गुज़रने के बाद उन्होंने पुस्तक लौटाने का निर्णय ले लिया। वास्तव में उन्हें यह पसन्द नहीं आई थी। मेरे लिखने की गति मेरे जिस्म पर हिम्मत से रेंगती चीटियाँ बाधित कर देती हों।

रसोइया आख़िरकार चला जाता है और गाँव का लड़का उसकी जगह ले लेता है।

अप्रैल 18, चुड़ैल उसे डराती है कि अगर वह हमारे साथ रहा तो वह मर जाएगा। मेरा पेट भी कहता है कि हमारी सेवा में बने रहने पर मेरा अंजाम कुछ अलग नहीं होगा। मैं गाँववालों को बताता हूँ कि मैं एक पंडा हूँ और सिर्फ बदहजमी से पीड़ित हूँ तथा जादू-टोना मेरा कुछ नहीं बिगाड़ सकता।

अप्रैल 19, मेरे पास एक पुस्तिका भेजी जाती है जो मंडला ज़िले में मिशनरी गतिविधि के बारे में है और जिसको चर्च मिशनरी सोसाइटी ने छापा है। इस पुस्तिका का नाम है 'इन टाइगर जंगल्स' जिसके कवर पर एक खतरनाक जंगली जानवर को दिखाया गया है जिसका पीछा एक बन्दूकधारी पादरी कर रहा है।

हम गोंड लोगों में ईसाई धर्म के प्रति बढ़ते रुझान से प्रभावित होते हैं।

पुस्तिका का लेखक कहता है कि मिशनरी लोगों ने गोंड जवानों को जो पाठ पढ़ाया है उसका अच्छा परिणाम विश्व युद्ध के दौरान सामने आया। गोंड लोगों को फौज में भर्ती करने की सरकारी कोशिश बेकार गई। तब ईसाई गोंडों से अपील की गई। योग्य गोंडों में से पच्चीस प्रतिशत भर्ती हो गए और उनके साथ ऐसे गोंड भी भर्ती हुए जो ईसाई नहीं थे। सरकार ने गजट में पूरी ईसाई जाति की भरपूर तारीफ़ की और कहा कि वे निष्ठावान और अच्छे नागरिक हैं। गोंड लोगों की भर्ती वास्तव में ब्रिटेन के लिए एक बड़ी विजय थी।

अप्रैल 21, एक बड़ा तूफ़ान आता है, ओलों की बौछार सीधे कमरों में पड़ती है। सिंचाई की जैसे सब सुविधाएँ यहाँ हों। छत के कुछ हिस्से हवा में उड़ जाते हैं। एक कोने में छोटा-सा हिस्सा लटका हुआ है जो इस तरह ऊपर-नीचे उठ रहा है मानो किसी उत्तेजित मुर्गी का पंख हो। मैं इसको मजबूती से पकड़ लेता हूँ। शामराव एक दीवार को सहारा दे रहा है।

अप्रैल 22, खेतों में जाते हैं जो पूरी बर्बादी का नज़ारा पेश करते हैं। कल के तूफ़ान ने भूख से आधे-मरे गोंड लोगों को तबाह कर दिया है। समाचार मिलता है कि जिसके यहाँ हम अभी हाल में गए थे उस धनी ब्राह्मण के खेतों को कोई नुकसान नहीं हुआ है। ईश्वर की लीला भी अनोखी है।

मई 1, दूर के एक गाँव से एक अगरिया अर्थात् लुहार को पालकी में हमारे पास लाया जाता है। उसको भालू ने बुरी तरह ज़ख्मी कर दिया है। वह तीन दिन की देरी से लाया जाता है क्योंकि कोई नीची जात के आदमी को उठाने के लिए तैयार नहीं होता। गोंड किसी मरते हुए आदमी को भी उठाने के लिए राज़ी नहीं होता अगर वह किसी नीचे परिवार का है। आश्रम में एक धार्मिक संकट दरपेश हो जाता है जब अगरिया हमसे यह अनुरोध करता है कि उसकी पालकी को छत से लटका दिया जाए ताकि वह आसमान और धरती के बीच रहे और उन आत्माओं से बच सके जो इन दोनों जगह रहती हैं। शामराव इस अनुरोध को ठुकरा देता है। मैं उसके रवैये पर उत्तेजित हूँ क्योंकि मैं इस बात में विश्वास करता हूँ कि सभी किस्म की धार्मिक आस्था का आदर किया जाना चाहिए।

मई 6, कैसे नवजात-शिशु को बढ़िया भाषण देनेवाला बनाया जा सकता है–इस बारे में एक अच्छे तरीक़े का पता चलता है। बूढ़े गनपत का मानना है कि अगर शिशु की जीभ के अगले हिस्से को उस्तरे से छुवा दिया जाए तो बड़ा होकर वह नाई की तरह बातूनी बन जाता है।

मई 10, बिशप दो छोटे मिशनरियों के साथ आता है। आश्रम में घुसने पर

भी वे जूते पहने रहते हैं और फर्श पर बैठने में उन्हें कुछ दिक्कत होती है। बिशप अजीब किस्म की बातचीत शुरू करता है। वह कहता है कि वह हमसे कोई सम्बन्ध नहीं रखना चाहता क्योंकि (अ) हम गांधी के चेले हैं जो आधुनिक भारत में यीशु का सबसे बड़ा दुश्मन है, (ब) हमने 'बाग़ी पादरी' सी.एफ. एंड्रूज से सम्बन्ध स्थापित किया और (स) हम खादी पहनते हैं जो पशु-शक्ति का चिह्न है।

इसके बाद भारत में सिर्फ एक महीना पहले आनेवाला छोटा मिशनरी बहुत गम्भीर और ऊँची आवाज़ में कहता है : 'यीशु के बारे में इस बाग़ी से बात करने का कोई लाभ नहीं। वास्तव में यह बाग़ी से भी बढ़कर है, एक देशद्रोही है : इसने अपने ख़ुदा और देश को धोखा दिया है और उनके दुश्मनों से जा मिला है। साम्राज्य के मामले में इसके साथ बात करने का क्या लाभ है।' यह वास्तव में सत्य है और पूरी ज़िन्दगी मुक़द्दमा चलने पर कचहरी जो निर्णय देती है उसका पूरा निचोड़ है।

बिशप कहता है, 'मेरा कोई पादरी राजनीतिक विचार नहीं रख सकता।' मैं टामस एक्विना और आर्क बिशप टैम्पल के पूर्व उदाहरण उसके सामने रखता हूँ। इसके उत्तर में वह कहता है, 'तुम आर्कबिशप का उदाहरण दो या डीन ऑफ कैंटरबरी का, मेरे चर्च में यह सब नहीं चलेगा।' मैंने पूछा, 'यदि कोई कांग्रेसी ईसाई पादरी बनना चाहे तो ?' उसने जवाब दिया, 'इसके लिए उसे पहले कांग्रेस को छोड़ना होगा।' अब मेरी बारी थी, 'लेकिन आपके चर्च में यूनियन जैक फहराया जाता है, क्या यह राजनीति नहीं ?' बिशप ने कहा, 'यूनियन जैक क्रास का प्रतीक है।'

'खून से तरबतर क्रास', शामराव अपने को और ज्यादा नहीं रोक सका।

गोबर से लिपे फर्श पर बैठने में बिशप को परेशानी हो रही है और कभी इस जाँघ कभी दूसरी जाँघ के सहारे बैठने की कोशिश करता है। मैं कहता हूँ, 'सर, आप ख़ुद लड़ाई के दौरान फौज़ में पादरी रहे हैं। आप उन लोगों के बीच रहते थे जिनका काम दूसरों की हत्या करना था। आपने उन्हें नैतिक समर्थन दिया और आपने अपनी फौज की जीत के लिए हर मुमकिन कोशिश की। मैं एक ऐसी फौज़ का पादरी हूँ जिसके हाथों पर खून के धब्बे नहीं हैं और जो अहिंसा और सत्य के हथियारों से लड़ रही है। मैं भी अपनी फौज़ की जीत चाहता हूँ ? क्या कांग्रेसजनों के अन्दर आत्माएँ नहीं हैं ? मैं किस तरह ग़लत हूँ और आप कैसे ठीक थे। इसका जवाब दें।' बिशप के पास इस तर्क का उत्तर नहीं था और वह बगलें झाँकता हुआ बोला, 'कांग्रेसी की आत्मा को बचाना बड़ा मुश्किल काम है।'

आगन्तुक उठ खड़े हुए। जाते-जाते बिशप हमें एक बड़ा धार्मिक श्राप देता गया, 'तुमने यीशु और सम्राट दोनों को धोखा दिया है। तुम शैतान के लिए काम कर रहे हो।'

वे धूलभरी सड़क पर गाड़ी में सवार होकर चले गए। उत्तेजना के बाद हमें याद आया कि हम उन्हें चाय भी नहीं पिला सके; लेकिन अब क्या हो सकता है।

सोचता हूँ यह एक उल्टी सीधी दुनिया है। यहाँ बराबरी नहीं जैसे मिस्टर वैलर कहते थे जब तक कि रम में आधा पानी न मिला हो। एक छोटी कविता लिखकर मैं अपने को धीरज देता हूँ :

अगर तुम काले बाग़ियों को
दबाने में ढीले हो, तो याद रखो
यूनियन जैक पर क्रास टँगा है।

मई 17, छोटा लड़का गणेश अब कुछ गज़ चलने लगा है। उसकी माँ उसे यह कहकर प्रेरित करती है कि वह यह कल्पना करे कि वह मुर्गी का पीछा करनेवाला मुर्गा है। मैं चार महीने यूरोप जाने का निर्णय लेता हूँ।

जून 15, यूरोप के लिए रवाना होता हूँ। शामराव तीन महीने की मेडिकल ट्रेनिंग के लिए चला जाता है।

नवम्बर 1, मुम्बई में लौट आता हूँ। मेरे साथ ये चीज़ें हैं—एक पुराना ग्रामोफोन, फूस से भरा एक अफ्रीकी नेवला, सेंट फ्रांसिस की एक पाषाण मूर्ति और एक पुराने तेंदुए की खाल। इन पर मुझे कस्टम ड्यूटी के रूप में सोलह रुपए देने पड़ते हैं जो मेरे विचार से अधिक हैं। एक खूबसूरत जवान ब्राह्मण से मिलता हूँ। उसका नाम श्रीकान्त है। वह कुछ समय के लिए मेरी मदद करता है। वह बताता है कि शामराव गम्भीर रूप से बीमार है। उसी रात मैं कलकत्ता मेल से रवाना हो जाता हूँ।

नवम्बर 3, मैं पेंड्रा रोड पहुँच जाता हूँ। एक बढ़ई से यह अच्छी सूचना मिलती है कि शामराव पहले से बेहतर है। अच्छा शकुन है—आधी रात, गाँव का बढ़ई और बढ़िया समाचार। अगली सुबह मैं मिशन अस्पताल जाता हूँ और शामराव को बढ़ई के अलावा बिल्कुल अकेला पाता हूँ। वह कमजोर और दुबला हो गया है। ज्यादातर भारतीय अस्पतालों में दवा और नर्सिंग मुहैया कराई जाती है लेकिन खाना पकाने का काम मरीज़ की बीबी करती है। जाति सम्बन्धी पाबन्दियों के कारण यह बात समझ में आ जाती है लेकिन यह इन्तजाम शामराव जैसे मरीजों के लिए ग़लत हो जाता है जिनकी न कोई जाति है, न कोई बीबी है। जब वह

कुछ चलने लगता है तो मैं अस्पताल से उसको छुट्टी दिला देता हूँ। मिशन के अहाते में तीन कारें और एक बैलगाड़ी खड़ी देखता हूँ। मैं इस बारे में बात करता हूँ कि इन वाहनों में कोई एक हमें डाक बंगले तक पहुँचा दे जो दो मील की दूरी पर है। एक महिला बिना सोचे-समझे बताती है कि हम लोगों को कोई वाहन नहीं मिल सकता। हम पैदल ही निकल पड़ते हैं और धीरे-धीरे चलते हुए दोपहर तक डाक बंगले पहुँच जाते हैं।

नवम्बर 6, अपने कुछ सहायकों और घर के कुत्ते, राजा, के साथ श्रीकान्त करंजिया पहुँचता है। शामराव फिर बीमार पड़ जाता है और उसका बढ़ा हुआ तापमान मुझे चिन्तित कर देता है। वापस अस्पताल आते हैं। मुझे पत्थर पर बरामदे में सोने को मिलता है। बिछौना नाकाफी है, बर्फीली हवा है, सामने ही अस्पताल का शौचालय है जिसमें न फ्लश है न दरवाजा और इसका इस्तेमाल निश्चय ही अनेक पेचिश के मरीज इस्तेमाल करते हैं।

नवम्बर 7, जिस आदमी को शौचालय की सफाई पर लगाया गया था शायद उसकी मौत हो गई थी। शामराव की दशा में सुधार है। मुझे भारी ठंड लग गई है।

नवम्बर 9, बड़े और आरामदेह बंगले से मिशनरी महिला आती है। वह कहती है कि ठंड का मौसम कितना स्वास्थ्यवर्द्धक है। मैं उसको आदर देने के लिए फर्श से उठ खड़ा होता हूँ जहाँ बैठकर मैं 'पोयम्स ऑफ फैलिसिटी' पढ़ रहा था। मौसम के बारे में उसकी राय से मैं सहमत नहीं हूँ।

नवम्बर 18, सैसून अस्पताल में इलाज के लिए शामराव को पूना ले जाता हूँ। मैं खुद 'सर्वेन्ट्स ऑफ इंडिया सोसाइटी' में ठहर जाता हूँ जहाँ का अच्छा भोजन और संग तारीफ़ के काबिल है। महात्मा गांधी के एक अति उत्साही चेले के साथ शहर में लंच करता हूँ। वह कहता है कि नमक खानेवाले के लिए अपना ब्रह्मचर्य बचाना सम्भव नहीं है। मैं उसकी राय का सम्मान करते हुए प्लेट में रखे नमक को नहीं छूता और बेज़ायका दाल और चावल से गुज़ारा करता हूँ। खाने के बाद मुझे एक कटोरा दूध दिया जाता है। मैं मलाई को एक तरफ हटा देता हूँ। मुझे फिर डाँट खानी पड़ती है कि ग़रीब आदमी इस तरह खाने को बर्बाद नहीं करता, अनिच्छा से मुझे मलाई खानी पड़ती है। डाइनिंग रूम में मेरे अन्दर अपराध-बोध जाग जाता है।

एक हिन्दू दोस्त से मिलता हूँ। वह बताता है कि एक बार उसने ईसाई बनने के बारे में सोचा था। एक टेनिस मैच के दौरान उसने यीशु से जीत के लिए प्रार्थना की। किन्तु बाद में उसने 'भगवद्गीता' को पढ़ा। उसे यह पढ़कर बहुत अच्छा

लगा कि बिना जीत या हार की कामना किए कर्म करते रहना चाहिए। इसलिए उसने हिन्दू धर्म नहीं छोड़ा।

नवम्बर 23, करंजिया में लौट रहा हूँ। कटनी स्टेशन पर चार घंटे ट्रेन का इन्तज़ार करना है। मैं स्टेशन से बाहर एक छोटी बिल्डिंग की तरफ बढ़ जाता हूँ 'रियल हिन्दू रेस्टुरेंट' लिखा है। मेरा नाम जानने के बाद इसका मालिक खुद मेरे लिए खाना लाना चाहता है। मैं उसके लिए महत्त्वपूर्ण आदमी हूँ। वह टूटी-फूटी अंग्रेजी में कहता है : 'मेरे लिए यह सम्मान की बात है कि इतना बड़ा विद्वान मेरे यहाँ खाने के लिए आया है। जल्द ही मैं एक दिन सबकुछ छोड़-छाड़कर आपका चेला बन जाऊँगा। अब मैं आपको बताता हूँ कि संन्यासी किस तरह बना जाता है। एक संन्यासी को चौबीस घंटे से अधिक किसी जगह नहीं रहना चाहिए। अगर वह अधिक ठहरता है तो पहले दिन वह एक परिचित, दो दिन में दोस्त और चार दिन में वह बीबी-बच्चोंवाला बना जाएगा। संन्यासी को मिर्च और गोश्त नहीं खाना चाहिए। एक आदमी आज गोश्त खाता है, कल वह दो दर्जन औरतों का हरम बनाना चाहता है। आधे पेट भूखा रहकर ही ऐसी इच्छा को फतह किया जा सकता है।'

होटलवाले के लिए ऐसा सिद्धान्त अजीब-सा लगता है और मैं अपनी राय उसे बता देता हूँ।

'मैं होटल की थोड़ी भी चिन्ता नहीं करता। तुम्हें अपना खाना बराबर घटाते रहना चाहिए—उनतीस हथेलियों से सत्ताईस, और फिर उन्नीस, चाहे मैं उनतीस के पैसे ही आपसे वसूल करूँ। आप ग़ैरशादीशुदा हैं न ? आप मुझे बताएँ कि आप ब्रह्मचर्य की रक्षा कैसे करेंगे ? इस सम्बन्ध में मैं सबसे अच्छा और कारगर सिद्धान्त जानना चाहता हूँ,' उसने मुझसे पूछा।

'एलाइंस ऑफ ऑनर' द्वारा आयोजित भाषणों में यह सवाल इतनी बार उठाया जाता रहा है कि मैं सचमुच इसका जवाब देना भूल गया हूँ। इसका तोड़ यही है कि आप सवाल करनेवाले से यह पूछें कि क्या वह अलग-अलग जातियों के लोगों के साथ एक साथ बैठकर खाना पसन्द करेगा। यही मैंने होटलवाले से पूछा।

'राम, राम, राम, राम, राम ! यदि मेरा बेटा नीच जाति के साथ बैठकर खाता है तो आज वह तम्बाकू लेता है, कल वह साथ खाएगा और परसों वह किसी लड़की के साथ भाग जाएगा। आपको नहीं पता कि ब्रह्मचर्य और शुद्धता को कैसे बचाना चाहिए। मैं आपको बताता हूँ। किसी औरत को मत देखो। उसके सामने अपनी आँखें नीची कर लो, लक्ष्मण ने सिर्फ सीता के पाँव देखे थे। अगर

आप अपने मन में चींटी के गुज़रने लायक छेद भी होने देंगे और ब्रह्मचर्य उसमें से निकलकर भाग जाएगा,' उसने कहा।

ब्रह्मचर्य सम्बन्धी इन बातों से थककर मैं उठ खड़ा होता हूँ और उससे खाने का बिल माँगता हूँ।

'बिल की आप चिन्ता न करें। मेरा सहायक ले आएगा। मेरी इच्छा है कि आप और अधिक यहाँ रुकते। आप सर्जिकल ऑपरेशन के बिना अपने को शुद्ध रख सके हैं। आप भाग्यशाली हैं। काश आप और ज्यादा यहाँ ठहर सकते ! आज हम परिचित हैं, रात में हम दोस्त होते और कल हम साले और बहनोई होते।' सहायक खाने का बिल लाता है और मैं देखता हूँ कि ज़रूरत से ज्यादा पैसा मुझसे वसूल किया जा रहा है।

नवम्बर 29, करंजिया पहुँचता हूँ। आश्रम की प्रगति को देखता हूँ। सारा काम गोंड लोगों ने गोंड ढंग से किया है। नतीज़तन देखने में अच्छी लेकिन बेआरामदेह इमारतें खड़ी हो गई हैं। पड़ोस की एक शिक्षित महिला गारे के अक्षरों से सब इमारतों के नाम दीवारों पर लिख देती है। राजा नामक कुत्ता आश्रम का सदस्य बन गया है। मुझे आशंका है वह पूरी तरह शाकाहारी नहीं जैसे कि हम बनने की कोशिश कर रहे हैं।

दिसम्बर 1, डिस्पेंसरी को देखकर सबसे ज्यादा खुशी होती है। इसमें गोलियाँ, टिंकचर्स, एसिड्स, छोटे सर्जिकल औज़ार और डरानेवाली रबर की ट्यूबें सभी कुछ है। ग्रामोफोन बजाता हूँ। गाँववाले उत्तेजित होकर इसके चारों ओर घूमते हैं। वह जानने की कोशिश कर रहे हैं कि आवाज़ कहाँ से आ रही है। आखिरकार वे यह सोचते हैं कि ग्रामोफोन में कोई आदमी बैठा हुआ है।

दिसम्बर 20, शामराव लौट आता है। थका हुआ लगता है किन्तु जल्दी से स्वास्थ्य लाभ करने लगता है। बहुत कोशिश करता हूँ कि चर्खा कातने और रुई को साफ़ करने की मशीन लगा दी जाए लेकिन हमारे इलाके में रुई नहीं उगती। इसलिए गाँववालों के हित में यह काम व्यापारिक रूप से चलाना मुमकिन नहीं। इसके अलावा एक और दिक्कत है। गोंड कहते हैं कि बराबर काम करने से उसका वक़्त बर्बाद होगा। वे नाचना चाहते हैं। सिर्फ़ श्रीकान्त हमारे साथ चर्खा कातने बैठता है। यह हम दोनों के लिए नित्यकर्म है। शामराव इसमें शामिल नहीं होता। वह कहता है कि उसका क्रास पहले से काफी भारी है। वह और अधिक बोझ नहीं उठा सकता। मैं उसका विश्वास नहीं करता।

दिसम्बर 25, तीस-चालीस बच्चे डिनर के लिए आते हैं। चर्च के सामने गाँववाले जमकर नाचते हैं।

दिसम्बर 27, चिन्ता पैदा करनेवाला जंगली बुखार हो जाता है। इसका इलाज करना शामराव के बूते से बाहर है।

दिसम्बर 29, संसार धुँधला-सा लगने लगता है। मुझे इतना ही याद है कि एक कार मुझे पेंड्रा रोड अस्पताल ले जाने के लिए आती है। मैं वहाँ जाने से मना नहीं करता।

दिसम्बर 31, बिलासपुर का डिप्टी कमिश्नर राहत सामग्री के साथ आता है। एक मेडिकल अफसर भी साथ में है। वह मुझे एक बड़ा और दुखदायी इंजेक्शन देता है। इन लोगों के आने से हम लोग खुश हैं और मैं पहले से बेहतर महसूस करने लगता हूँ।

1933

जनवरी 2, बच्चों का स्कूल खोलता हूँ। दस छोटे लड़के और लड़कियाँ दाखिल करता हूँ। पहले उन्हें गर्म पानी से नहलाते हैं और फिर रंगीन कपड़े पहनाते हैं। हमारे पास महँगा मांटेसरी का सामान है जो उन्हें दिलाया जाता है—जंगल जिम और बिना छतवाला रेत का अहाता जो उनके खेलने के लिए है। इनको वे गम्भीरता से देखते हैं। वे अहाते के कोने में जाकर हल चलाने का खेल खेलते हैं। लकड़ी के दो या तीन टुकड़ों से हल बनाकर।

जनवरी 5, मेरा बुखार उतर गया है। आश्रम में धीरे-धीरे चलने के काबिल हो गया हूँ। गांधीवादी होने के बावजूद मैं बीयर का कुछ स्टॉक अपने साथ रखता हूँ।

जनवरी 10, मांटेसरी अच्छी तरह चल निकला है। इसकी जिम्मेदारी एक उत्साही और नौजवान सहयोगी पर है जो रवीन्द्रनाथ टैगोर की तरह बात करने की कोशिश करता है लेकिन वह बाल-मनोविज्ञान में माहिर है। यह सोचकर काँपता हूँ कि गोंडों की स्पर्श संज्ञा और विकसित होने का क्या अंजाम होगा।

जनवरी 14, एक आरम्भिक ईसाई होने का अनुभव होता है। हर तरफ से मेरा विरोध हो रहा है। एक पुरानी और डरावनी चुड़ैल रसोइए को चेतावनी दे रही है कि हमारा काम करने से वह मर जाएगा। फॉरेस्ट अफसर भी चिन्ता में डालनेवाली कहानी फैला रहा है कि हम बच्चों को इंग्लैंड ले जाने की एक गुप्त योजना बना रहे हैं जहाँ उनको ईसाई बना दिया जाएगा। एक दूसरा समूह हमारे गाँव को ईसाई टोला या यीशू गाँव कहने लगा है जिससे यहाँ के रहनेवाले गुस्से से भर जाते हैं।

जनवरी 17, मुझे बताया जाता है कि मांटेसरी के बच्चे अब शोर और आवाज़ के फर्क को अच्छी तरह समझने लगे हैं। मैं खुद इस फर्क को इतना नहीं जानता। जब मैं कहता हूँ कि सुबह का स्नान करते हुए बच्चे शोर मचाते हैं और दोपहर का भोजन करते हुए वे आवाज़ पैदा करते हैं तो वे इसका विरोध करते हैं और मुझे आदर की दृष्टि से नहीं देखते।

जनवरी 19, पहली पूनो की रात है। बच्चों का त्यौहार है। वे अपने शरीर पर भभूत लगाकर साधु बन जाते हैं। वे नाचते-गाते, चावल और नमक माँगते एक घर से दूसरे घर जाते हैं। जब काफी सामान उन्हें मिल जाता है तो वे जंगल से लकड़ी लाते हैं और लड़कियाँ खाना पकाती हैं।

जनवरी 28, इस ज़िले में आबादी का घनत्व अट्ठासी प्रति वर्ग मील है लेकिन आश्रम में किसी भी रहनेवाले को यह आठ सौ अट्ठासी दिखाई देती है। चर्च के पीछे एक झोंपड़ी बनवाता हूँ जिसके प्रवेश को छुपा दिया जाता है ताकि आबादी के सम्बन्ध में आगे इस प्रकार का प्रचार न हो सके।

फरवरी 4, राजा कुत्ते को तेंदुआ खा गया है। इस बारे में मैं अपने दोस्तों को एक पत्र लिखता हूँ जिसमें मज़ाक या हृदयहीनता का कोई स्पर्श नहीं है :

'मुझे एक दुखद घटना को कलमबन्द करना है—आश्रम के सबसे छोटे सदस्य भाई राजा का तेंदुए के हाथों अन्त। वह चर्च ऑफ इंग्लैंड का सही मायने में अनुयायी था हालाँकि वह इसका औपचारिक सदस्य नहीं था। वह ठीक समय पर खाना खाता था और हमेशा खुश रहता था। इन बातों में वह हम सबका आदर्श था। उसमें जातीय पूर्वाग्रह नहीं था। जिस शाम उसका अन्त हुआ वह आराम से नई नैतिकता पर बहस सुन रहा था। बाहर अँधेरे में एक तेंदुआ उसको अपना भोजन बनाने के इन्तज़ार में था। उसने एक तेज़ उछाल भरी और राजा बिना झोंके ही अपने नुकीले दाँतोंवाले पूर्वजों के पास पहुँच गया।'

फरवरी 8, शामराव अपने सिर के सब बालों को मुंडा लेता है (जैन मुनियों की तरह नही हैं जो एक-एक कर अपने बालों को उखाड़ते हैं।) ताकि वह और आध्यात्मिक दिखाई दे। उसका यह उपाय कारगर है कि नहीं, वह भविष्य बताएगा।

फरवरी 12, बच्चे और उनके माँ-बाप को स्कूल के बारे में सन्देह है क्योंकि हम बच्चों को पीटते नहीं हैं। वे सोचते हैं कि हम कोई गुप्त योजना बना रहे हैं। लेकिन डिस्पेंसरी में भीड़ जुटी रहती है। गोंड लोगों की जड़ी-बूटी से इलाज करने की अपनी बड़ी रिवायत है। लेकिन उनकी राय में कलियुग होने की वजह से उनकी दवाइयाँ कारगर नहीं रही। यह युग तब से शुरू हुआ जब सरकार ने उनके जंगल छीन लिए। गोंड अब भी पहले ओझा के पास झाड़-फूँक के लिए जाते हैं और जब यह उपाय कारगर नहीं होता तो हमारी डिस्पेंसरी में आते हैं। कभी उनका अपना इलाज भी काम कर जाता है। गाँव का एक बच्चा आँतें खिसकने से पीड़ित था। माँ-बाप ने नदी से एक केकड़ा पकड़ा और उसे बच्चे को खिला दिया। अब वह बिल्कुल ठीक है।

फरवरी 18, ज़मीन सम्बन्धी काम से मंडला जाता हूँ। बस में मैं एक वकील से परिचित हो जाता हूँ जो मेरी खूब आवभगत करता है। मूसलाधार बारिश पड़ने लगती है और मैं बुरी तरह भीग जाता हूँ।

फरवरी 22, अमरकंटक मेले के दिन हैं। मंडला से करंजिया और उसके आगे भी बसें चल रही हैं। इस मौके पर सड़कों की मरम्मत कर दी गई है। सुबह दस बजे रवाना होनेवाली बस में सीट बुक करा लेता हूँ। मैं एक बजकर तीस मिनट पर सीट ग्रहण कर लेता हूँ। दो बजे बारिश शुरू हो जाती है। धीरे-धीरे बस पर मिट्टी के तेल के टिन, सब्जियों के टोकरे, बिछौने, साधुओं, घूँघट करनेवाली औरतों और पुलिस सिपाही से लद जाती है। तीन बजे बस चलती है और मंडला से कुछ मील दूर निकलते ही टूटकर पानी बरसने लगा। बस की खिड़कियों में शीशे नहीं हैं। मेरे सिर पर छत तीन जगह से चू रही है। अपने को सबसे मोटे कम्बल से ढकता हूँ। इससे कोई खास राहत नहीं मिलती क्योंकि कमर पर बराबर पानी टपक रहा है। मेरे पाँवों के चारों ओर काफी पानी जमा हो गया है। खिड़कियों से बारिश की बौछारें अन्दर आ रही हैं।

इस ज़िले को कीचड़ के समन्दर में बदलने के लिए एक घंटे की बारिश काफी है। नदियाँ चढ़ जाती हैं और सड़कें ऐसे खेतों की तरह दीखने लगती हैं जिनमें हल चला दिया गया है। जगह-जगह गिरे हुए पेड़ रास्ते रोक लेते हैं। शाम होती है। पहाड़ी सड़कों पर बस चार मील प्रति घंटा की रफ्तार से रेंग रही है। कभी बड़े केकड़े की तरह इस तरफ झुक जाती है, कभी उस तरफ। इंजन जरूरत से ज्यादा शोर मचाने लगता है, पहिए कीचड़ में घूमने लगते हैं। घूँघटवाली औरतें आह भरने लगती हैं। छुपे हुए जानवरों की डरावनी आवाज़ें सुनाई पड़ती हैं। सिर के ऊपर बिजली कड़क रही है। आधी रात में हम दिनदोरी पहुँचते हैं। डाक बंगले में शरण लेते हैं। जहाँ आग के आगे मैं अपने कपड़े सुखा लेता हूँ। अगली सुबह भी बस पाँच घंटे देरी से चलती है। मुझे पश्चात्ताप हो रहा है कि मेरा मिज़ाज गुस्सेवाला क्यों नहीं है। ग्यारह बजे मैं मोटर स्टैंड पर पहुँचा हूँ। मेरा इरादा ड्राइवर को सबक सिखाने का है। मैं पाता हूँ कि वह खाना बनाने की तैयारी कर रहा है। मैं हिन्दी में उसे दो-चार गालियाँ सुनाने लगता हूँ। वह मुस्कराकर मुझे अपने साथ खाने के लिए निमन्त्रित करता है। मैं समझ नहीं पाता कि इस स्थिति में क्या करूँ। हम दोनों खूब ज़ोर से हँसने लगते हैं। दो घंटे बाद जब हम रवाना होते हैं तो बस अच्छी गति पकड़ लेती किन्तु एक स्थान पर नदी में फँस जाती है। एक घंटे की कोशिश के बाद भी हम उसे निकाल नहीं पाते। मैं सुझाव देता हूँ कि कुछ समय के लिए घूँघटवाली औरतों को उतार दिया जाए ताकि बस हल्की

हो सके और उसे नदी में से निकाला जा सके। मेरे विचार को कोई नहीं मानता। सब मुझे हेय दृष्टि से देखने लगते हैं। मैंने पैदल ही करंजिया लौटने का तय कर लिया है। थोड़ी दूर चलने पर अँधेरी घिर आती है और दुबारा बारिश होने लगती है। रास्ता भूलकर जंगल में भटकता हूँ। बिजली की चमक में दिशा पता चलाने की कोशिश करता हूँ। मरने पर अखबार में जो छपता है मैं उस बारे में सोचने लगता हूँ। बिजली की तेज चमक में देखता हूँ कि मैं अपने घर के बिल्कुल नज़दीक खड़ा हूँ। खुशी के मारे मैं घर के अन्दर दौड़ जाता हूँ। करंजिया में बराबर बारिश होती रही है और आश्रम में इसलिए कोई सूखा स्थान नहीं है।

फरवरी 27, मुझे शीतला निकल आई है। शायद प्रकृति यह याद दिलाती है कि मैं अभी बच्चा हूँ। इस हफ्ते बहुत लोग आश्रम में आते हैं।

मार्च 1, समय से 'साकी' का पूरा साहित्य मुझे मिल जाता है। उसे पढ़ते हुए मैं चेचक से हुई बदसूरती को भूल जाऊँगा।

मार्च 10, बहुत से बच्चे स्कूल में आना चाहते हैं। इसलिए हम चार गाँवों में रात्रि स्कूल खोलना तय करते हैं। इसका मतलब यह होता है कि हर रात हमें एक गाँव जाना पड़ेगा। वहाँ हम ग्रामोफोन बजाते हैं, दवाइयाँ बाँटते हैं, वर्णमाला सिखाते हैं और स्वास्थ्य के सरल नियमों, धन सम्बन्धी खुशहाली, सेक्स, भूगोल, विज्ञान और इतिहास पर भाषण देते हैं। इस योजना को कामयाब बनाने के लिए मैजिक-लालटेन का उपयोग करना तय पाते हैं। यह निहायत ज़रूरी है क्योंकि पूरे ज़िले में सिर्फ़ चार ही गोंड शिक्षित हैं।

मार्च 12, दूरदराज़ की इस घाटी में यूरोपीय संस्कृति की कुछ चीज़ें घर कर गई हैं। मसलन अंग्रेजी। बच्चे इस भाषा को सीखने लगे हैं। वे इस बात पर गर्व करते हैं कि वे साहब लोगों की जुबान जानते हैं। मैं किसी बच्चे से पूछता हूँ कि इस बात का क्या सबूत है तो वह कहता है, 'डैम फूल, ब्लडी पिग।'

मार्च 14, इंग्लैंड के मित्रों ने 'ब्रदरहुड ऑफ गॉड' के सिद्धान्त के बारे में एक नया और सरल ब्यौरा भेजा है। यह किसी आधुनिक पादरी ने किया है। चाँद की रोशनी में जंगल में घूमते हुए मुझे ये पंक्तियाँ सूझती हैं :

परा जो हमारे समान है
मेरा अच्छा साथी जो ऊपर है
हार्दिक मानव-प्रेम से भरा हुआ
वह मुझे स्वर्ग में आने देगा
परा जो हमारे समान है
एक असीमित वैयक्तिकता

मेरे जैसे आधुनिक को अच्छी लगती है
और मैं अपनी कोई भी सच्ची शंका
उसके सामने रख देता हूँ
परा जो हमारे समान है।
ओटो को पवित्रता के बारे में सोचने दो,
बड़े सत्य जिनको हम पूरी तरह नहीं देख पाते
मैं तो दोस्ताना मुस्कराहट से
परा की ओर देखता हूँ जो हमारे समान है।
हालाँकि पारम्परिक स्वर्ग से सम्बन्ध रखना अच्छा है
मैं कभी-कभी सोचता हूँ
कि धर्मशास्त्र का ज्यादा लेना-देना नहीं है
परा से जो हमारे समान है

मार्च 18, चूहों ने परेशान कर रखा है। वे तेल पी जाते हैं और साहित्य और फलसफ़े की किताबों को कुतर डालते हैं। लाइब्रेरी को उनसे बचाने का उपाय सोचते हैं। शामराव ने चूहेदानी में खाने की चीज़ें रखकर उन्हें पकड़ने की सोची है लेकिन उसे कोई सफलता नहीं मिलती।

मार्च 24, मैजिक लालटेन आ जाती है। यह कैसे काम करती है—इस पर हम कई घंटे लगाते हैं और आखिरकार हमें पता चलता है कि बनानेवालों ने इसका एक ज़रूरी पुर्जा नहीं भेजा है।

मार्च 28, रात के स्कूलों में करीब तीन सौ गाँववाले दाखिल हुए हैं। यह देखकर अच्छा लगता है कि बच्चे अपने माता-पिताओं को पढ़ा रहे हैं। मांटेसरी स्कूल कामयाबी से चल रहा है। उसमें पक्के इरादेवाले बीरा बच्चे हर तरह के तजुर्बे से गुज़रना चाहते हैं और अपनी हर तरह की संज्ञाओं को विकसित करने में लगे हैं। यहाँ धर्म के बारे में बात नहीं की जाती फिर भी छह बरस के बच्चे पढ़ाते हुए फरिश्तों की तरह लगते हैं।

अप्रैल 10, कपिलधारा नामक प्रसिद्ध जलप्रपात अमरकंटक में हैं। हम इसे देखने गए। कहा जाता है कि इसका जल सिर्फ़ सन्तों के सिर पर गिरता है, पापी के सिर पर नहीं। हम यह सोचकर इसके नीचे खड़े हो जाते हैं कि पानी हम पर नहीं गिरेगा। मगर ऐसा हुआ नहीं। कपिलधारा के जस ने हमें पूरा भिगो दिया। हम सचमुच ही अच्छे लोग रहे होंगे।

अप्रैल 13, लालटेन अब काम करने लगी है किन्तु मुझे सन्तोष नहीं। जलते-जलते अचानक बुझ जाती है।

अप्रैल 15, बहुत गरीब बैगा लोग आते हैं। वे शादी के मौके पर ढोल बजाकर कुछ कमा लेते हैं लेकिन उस पर चढ़े चाम को चूहे खा गए हैं। औरतों की एक टोली आती है जिन्होंने बिना लाइसेंस पहाड़ियों के घर को साफ़ करने के लिए गारा लेने का जुर्म किया है। यह गारा उन्होंने घर को साफ-सुथरा रखने के लिए लिया है। फॉरेस्ट डिपार्टमेंट उन पर जुर्माना ठोक देता है।

अप्रैल 25, साँप एक जवान का एक मील तक पीछा करता है और आख़िरकार उसे काट लेता है। जवान का रंग काला पड़ जाता है किन्तु वह मरता नहीं।

मई 2, एक विचित्र शादी में शामिल होता हूँ। दुल्हा बाघ का वंशज है और यह जन्तु उसकी हिफाज़त करता है। चार लोगों में बाघ की आत्मा प्रवेश कर जाती है। वे दहाड़ते हुए छलाँग लगाते हैं और एक बकरी को मारकर उसका गर्म खून पी जाते हैं।

मई 8, बूढ़ा गनपत मुझसे कम्बल लेने के चक्कर में है। वह मेरे अन्दर के जीव-प्रेमी को जगाने की कोशिश करता है। वह बताता है कि एक 'पापी चिड़िया' का पति एक बार लम्बी यात्रा पर जा रहा था। फूलों पर डालने के बजाय उसने राख अपने पति के सिर पर डाल दी। वह भाग्यशाली थी कि इस वजह से उसकी चोंच नहीं कटी। हर मौके पर नाराज़ रहनेवाला उसका पति किसी दूसरी लड़की को अपने साथ ले जाता है। वह सारे दिन 'मोर पिहु, मोर पिहु' यानी मेरे प्यार, मेरे प्यार करती रहती है। लकड़बग्घा भी बूढ़े गनपत के अनुसार यही करता है। वह किसी नई कब्र पर जाता है और पाँच बार अपने अगले दाहिने पाँव को इस पर रखता है। लाश अपनी कब्र से निकल आती है और बाकी का काम लकड़बग्घा करता है।

मई 10, अपने चार फरवरी के पत्र में मैंने जो ब्यौरा राजा के बारे में दिया था उसके जवाब में मेरे पास अनेक पत्र आते हैं। बहुत से दोस्तों ने राजा को आदमी समझा है। कई दोस्तों ने खैरात भेजी है। पता नहीं उसको लौटाना नैतिक रूप से सही है या ग़लत।

मई 13, शामराव लालटेन की रोशनी में जापान पर भाषण देता है। इस बारे में उसकी जानकारी ज्यादा नहीं है। वह हितोमारो की कविता और समुराइ के सेक्स सम्बन्धी फलसफ़े पर बोलने लगता है। ऐसे विषय गाँववालों के पल्ले नहीं पड़ते।

मई 14, धोबी हमारे लिए एक सहायक रसोइए की व्यवस्था करता है। अच्छा दिखाई देनेवाला यह आदमी जाति से अहीर है और इसका नाम सोहोरी है। वह

आश्रम में आते ही सहज हो जाता है। उसके बाल लम्बे और काले हैं। उसके सुन्दर भूरे गले में लाल मनकों की माला पड़ी रहती है। दारू पीकर वह बढ़िया रोमांटिक नृत्य कर सकता है। एक या दो हफ्ते में वह आश्रम के लिए ज़रूरी आदमी बन जाता है।

मई 17, गाँव के सब लोग उत्तेजित हैं। इस इलाक़े का सन्त समझा जानेवाला तिब्लू हैदर अली के भाई की गोंड बीबी को लेकर भाग गया है। इसके बाद कोई भी औरत महफ़ूज़ नहीं समझी जा सकती। हमारा रसोइया कहता है कि पता नहीं कल किसका नम्बर आ जाए। एक बरस के अन्दर औरत को भगाकर ले जाने का यह उन्नीसवाँ मामला है।

मई 18, सारे दिन बारिश गिरती है। मोटा पुलिसवाला डाकुओं और बाघों की कहानियाँ सुनाने लगता है। वह कहता है कि बैगा लोग बाघ के जबड़ों को बन्द कर सकते हैं। वे उनका कान पकड़कर उसे कहीं भी ले जा सकते हैं। जब लॉर्ड रीडिंग इस ज़िले में शिकार के लिए आया तो एक बैगा ने सब बाघों को जंगल छोड़ देने की चेतावनी दे दी। वायसराय ने उसे सौ रुपए दिए ताकि वह बाघों को जंगल में वापस बुला दे। बैगा ने एक-एक करके बाघों को वायसराय के हाथी के सामने आने का आदेश दिया। वायसराय ने बत्तीस बाघों को मार गिराया। इन कहानियों में सब विश्वास करते हैं, खासतौर पर बैगा लोग।

मई 19, तैयारियाँ करने और शामराव के हाथों की बढ़िया चाय पीने के बाद हम रामनगर की यात्रा करते हैं जो एक छोटा गाँव है। यह धूती ज़िले की सबसे ऊँची पहाड़ी के नीचे स्थित है। हम छह बजे पहुँच जाते हैं। शामराव गाँववालों के सामने ग्रामोफोन बजाता है। हमें एक खस्ता और निहायत गन्दी झोंपड़ी में ठहराया जाता है जो अदना अफसरों की आरामगाह है। खाना खाने के बाद शामराव फिर ग्रामोफोन बजाता है। दूसरे गाँव से आधी रात को एक टोली 'तमाशा' देखने आती है। शामराव उनके लिए भी ग्रामोफोन बजाता है। दो बजे मैं सोने के लिए एक खेत में जाता हूँ लेकिन मुझे वहाँ से बुला लिया जाता है और एक छोटी और खटमलों भरी चारपाई दी जाती है। गोंड लोगों से मैं पूछता हूँ कि वे छोटी चारपाई क्यों बनाते हैं तो वे कहते हैं ताकि बुरी आत्माओं को बैठने की जगह न मिले जहाँ से वे आपको देखती रहें। धार्मिक उत्साह से भरकर आख़िरकार मैं सो जाता हूँ।

मई 20, पाँच बजे उठ जाता हूँ ताकि वक़्त पर आश्रम पहुँचकर अपने कामों में लग सकूँ। रास्ते में एक गुफा मिलती है जिसमें एक बड़ा जंगली जानवर सो रहा है। यह पता नहीं चलता कि वह किस जाति का है।

मई 28, आश्रम में इन दिनों सब दुखी हैं। शामराव को ब्रोंकाइटिस है, मेरा स्वभाव चिड़चिड़ा है और श्रीकान्त को बुखार है। रात को तूफ़ानी बारिश आती है, लेकिन छतों में पत्ते भरकर उन्हें सुधारा नहीं गया है इसलिए वे बराबर चू रही हैं।

मई 31, रात के स्कूल में शामराव ब्रिटिश सामाजिक ज़िन्दगी पर बढ़िया भाषण देता है। लंदन की भौगोलिक स्थिति के बारे में वह कहता है कि अगर गाँववाले सूर्योदय की दिशा में चलें तो एक रोज़ वहाँ पहुँच जाएँगे।

जून 2, एक अमेरिकन मिशनरी का सनसनीदार आगमन होता है। उसके पास दुनाली बन्दूक है। साथ में हाई स्कूल में पढ़नेवाले बारह लड़के हैं जो ग्रामोत्थान के काम में लगे हैं। वे बच्चों के स्कूल में काफी रुचि दिखाते हैं। मिशनरी ने पी-एच.डी. कर रखी है। वह अपने लड़कों को बताता है कि मैडम मांटेसरी एक अमेरिकन थी और इसलिए उन्हें उसके तरीकों को ध्यान से समझना चाहिए। विदा होते समय वे एक नीग्रो गीत गाते हैं जो ताज्जुब पैदा करनेवाली इस पंक्ति से शुरू होता है : 'हैलो ब्रदर एल्विन हाउ डू यू डू !' आश्रम के एक जवान सदस्य की चारपाई के नीचे छुपे एक कोबरे साँप का पता चलता है। सदस्य बताता है कि वह पहले एक बक्से में छिपा था। कल उसने एक चूहा खाया और फिर किसी दूसरे खाने की तलाश में वहाँ से चला गया।

जून 3, पुलिस अमेरिकन मिशनरी के बारे में पूछने आती है। उसने हमसे विदा लेने के बाद गैरकानूनी रूप से एक हिरन का शिकार किया था। इस दरमियाँ मुझे तेज़ बुखार हो गया और बेहोशी की हालत में मुझे लगने लगा कि मैं स्वर्ग में पहुँच गया हूँ जहाँ मेरी भेंट कभी के दिवंगत हुए डिज़रैली, स्टेनली जोंस आदि से होती है। डिज़रैली और स्टेनली जोंस में झड़प हो जाती है।

जून 6, शामराव बोंदार में मलेरिया पर भाषण देता है। वह लोगों से पूछता है 'हमारे सबसे बड़े दुश्मन कौन हैं ?' एक आवाज़ उभरती है, 'हमारी बीबियाँ।' उनका ख़्याल है कि औरतें सिफ़लिस फैलाती हैं जबकि शामराव मलेरिया के सन्दर्भ में मच्छरों की बात कर रहा है।

जून 16, धोबी मेरे बारे में कहता है कि मैं काफ़ी धनी हूँ और कितना ही मैं खर्च करूँ देवता मुझे और धन देंगे। धोबी का यह ख़्याल वास्तव में ग़लत है कि त्याग की ज़िन्दगी बितानेवाले को भगवान बहुत धन देता है।

जून 17, स्कूल के बच्चे संगीत सम्बन्धी पाठ का विरोध करते हैं। 'हम यहाँ गाने के लिए नहीं, ज्ञान प्राप्त करने आए हैं।' तीसरे पहर तीन भयंकर साँप एक साथ मेरे कमरे में घुस आते हैं। समझ में नहीं आता क्या करूँ। ऐसी स्थिति में

हमेशा कारगर उपाय का सहारा लेता हूँ। मैं अपनी चारपाई पर कूद-कूदकर शामराव को आवाज़ देता हूँ। जब तक वह आता है, साँप इमारत के दूसरे हिस्सों में जाकर गायब हो जाते हैं। उनको तलाश करके मार दिया जाता है।

जून 18, यह पक्के तौर पर पता चलता है कि वास्तव में साँप भयंकर नहीं थे। वे सतबाहिनी थे और किसी को नुकसान नहीं पहुँचा सकते थे। सारे दिन खुद को हत्यारा मानकर दुखी रहता हूँ। रात में आश्रम में एक लम्बा साँप दिखाई देता है जो बच निकलता है।

जून 21, आश्रम आमतौर पर बच्चों से भरा रहता है। शामराव तीसरे पहर बच्चों को अंग्रेज़ी संगीत से परिचित कराने के लिए 'इट्स ए लोंग वे टू टिपरेरी' नामक गीत सुनाता है। ऐसा फौज़ी शोर सेंट फ्रांसिस के आश्रम को रास नहीं। ठीक पाँच बजकर दस मिनट पर पूरी पश्चिमी दीवार एक ज़ोरदार आवाज़ से गिर पड़ती है और हमें घाटी के पार की मोहक सुन्दरता नज़र आने लगती है। शामराव लकड़बग्घे के छोटे बच्चे को खरीद लेता है और उसे अपने पास सुला लेता है।

जून 22, रात में दो बजे बेबी लकड़बग्घा गायब हो जाता है। उसकी माँ उसे ले गई है।

जुलाई 1, मुम्बई जाने से पहले पूरे गाँव में घूमता हूँ, ताकि लोगों से विदाई ले सकूँ। हम गाँव के सरकारी स्कूल में पहुँचते हैं जहाँ हेडमास्टर ने हमारे गाँव के सात लोगों को बन्धक बना रखा है। उनका अपराध है जबरन और बिना दिहाड़ी के मजदूरी करना। किसी तरह यह मामला निबटता है। इस सारे लफ़ड़े के पीछे गाँव का प्रधान है। हम उसे साफ़तौर पर यह बता देते हैं।

जुलाई 2, गाँव के प्रधान का एक लम्बा पत्र आता है। उसे विश्वास है कि मेरा गुस्सा अब उतर गया होगा। वह पचास रुपए का ऋण और एक बिजली की बैटरी माँग रहा है। बाद में वह खुद आता है और पूरे गाँव के साथ अपना समय आश्रम में बिताता है।

जुलाई 3, विदा लेता हूँ। आश्रम को सोहोरी और विश्वसनीय मुसलमान मुस्तफ़ाखान की देखरेख में छोड़ देता हूँ। पूरी पहाड़ी पर लोग जमा हैं। औरतें अपनी साड़ियों और बच्चे अपनी स्कूल ड्रेस में सुन्दर लगते हैं। चर्च और सरकार के आला लोग मौजूद हैं। साथ ही एक ओझा, दो चुड़ैलें, बूढ़ा गनपत, हैदर अली, एक फॉरेस्ट का पहरेदार और टॉर्च के पीछे पागल हुआ प्रधान भी है।

जुलाई 15, बापू को देखने पूना पहुँचता हूँ। वह एक संगमरमर के महल में टिके हुए हैं जिसका नाम पर्णकुटी है। वह अछूत लोगों के हित में यहाँ उपवास करते रहते हैं। स्टेशन पर मुझे सन्देश मिलता है कि मुझे उनके साथ ठहरना है

किन्तु वहाँ पहुँचकर मुझे बताया जाता है कि मुझे सर्वेंट्स ऑफ इंडिया सोसाइटी में ठहरना है। इससे मुझे हैरत होती है। आख़िरकार मैं तीन मिनटों के लिए बापू से मिलता हूँ। लम्बे उपवास के कारण वह थके हुए और कमज़ोर दिखाई देते हैं। एक कवयित्री से मिलता हूँ जो खुद को विश्व में बहुत मशहूर बताती है। मैं उसकी बातों से ऊबने लगता हूँ और उससे कहता हूँ कि मुझे एक विज्ञापन के माध्यम से संसार के महान लोगों की सूची मिली है। उनमें पहले चार नाम हैं—यीशू, महात्मा बुद्ध, सरोजनी नायडू और मौलाना शौक़त अली।

जुलाई 16, सर्वेंट्स ऑफ इंडिया सोसाइटी में पहली बार श्रीनिवास शास्त्री से मिलता हूँ जो महात्मा गांधी के बाद सबसे बड़े भारतीय हैं। मैं उनसे गोंड लोगों से सम्बन्धित लम्बी बात करता हूँ। वह मुझे बताते हैं कि चुनाव का भ्रष्टाचार अभी आदिवासियों में नहीं फैलाना चाहिए। उनका फ़िलहाल नामांकन होना चाहिए। वह मुझे सलाह देते हैं कि उनकी स्थिति सुधारने के लिए मुझे धैर्य के साथ और धीरे-धीरे काम करना चाहिए।

कुछ मज़ेदार यूरोपियन्स द्वारा दिए गए डिनर पर जाता हूँ। वे पूना में व्यापार करते हैं। डिनर पर मशहूर कवयित्री, श्रीनिवास शास्त्री, कोदान्दा राव ('द सर्वेंट्स ऑफ इंडिया' के सम्पादक), एक खुशगवार मुस्लिम महिला और मैं—ये लोग मौजूद हैं। श्रीनिवास शास्त्री कवयित्री की बेहूदा मज़ाकों का लुत्फ़ ले रहे हैं। अपनी आयु के हिसाब से श्रीनिवास शास्त्री की खुराक अच्छी है। हमारी मेजबान महिला ने उनके दूध में थोड़ी ब्रांडी डाल दी है। वह दूसरी तरफ़ देखने लगते हैं जैसे उन्हें इस बात का पता न हो। मशहूर कवयित्री अब बताती है कि मुझे संगमरमर के महल पर्णकुटी में क्यों नहीं ठहरने दिया गया। वह कहती है, 'मिस्टर एल्विन स्टेशन से गन्दे रूप में आए जैसे वह कोई कश्मीरी ब्राह्मण हो। बापू ने महल की मालकिन से कहा कि वह एल्विन को भी यहीं रहने दें।' मालकिन ने कहा, 'लेकिन कोई कमरा खाली नहीं है।' बापू ने कहा, 'कोई फर्क नहीं पड़ता। वह सुअर की तरह कहीं भी पड़ा रहेगा।' मालकिन ने फिर कहा, 'लेकिन स्नानगृहों की कमी है।' बापू ने फिर कहा, 'इससे भी कोई फर्क़ नहीं पड़ता क्योंकि वह कभी नहाता नहीं है।' आख़िरकार मालकिन ने साफ़ तौर पर कहा, 'मैं किसी ईसाई को अपने घर में नहीं रहने दूँगी।' 'अगर कोई रहेगा तो उसके जाने के बाद उसे घर की शुद्धि करानी पड़ेगी और बर्तनों को फेंक देना पड़ेगा,' मशहूर कवयित्री ने बताया।

एक ऐसा ही बेहूदा मज़ाक वह भारत के कृषि मन्त्री के बारे में करती है जो यूरोपियन महिलाओं के गुलाबी गालों को ताकता रहता था और उनसे उनकी

उम्र भी पूछता रहता था।

हमारा मेज़बान बताता है कि उसकी बूढ़ी माँ कल बापू से मिली थी और उनसे ईसाई धर्म कबूल करने के लिए कहा था। बापू ने माँ का चेहरा अपने हाथों में लेते हुए कहा, 'ओ नब्बे बरस की प्यारी मिशनरी, अगर भगवान् की ऐसी इच्छा हुई तो मैं अपना धर्म बदल लूँगा।'

जुलाई 17, श्रीनिवास शास्त्री के साथ सिनेमा देखने जाता हूँ। लोग मुझे प्रिवी काउंसलर के साथ देख रहे हैं। मैं खुद को एक खास आदमी समझने लगता हूँ। फिल्म की हीरोइन खलनायक के शयनकक्ष में पकड़ी जाती है। उसके सामने दो ही रास्ते हैं, या तो वह अपनी इज्ज़त बचाए या ज़िन्दगी। श्रीनिवास शास्त्री की आवाज़ उभरती है, 'आह, वह एक कामी आदमी की गुफा में फँस गई है।'

जुलाई 24, बापू अहमदाबाद जाते हैं और हम मुम्बई। दो दिन बाद हमें पत्र मिलता है जो साबरमती में ठहरने का निमन्त्रण है। शामराव भी मेरे पास आ गया है और हम काठियावाड़ मेल से रवाना हो जाते हैं।

जुलाई 25, पूना के मुकाबले यहाँ हमारा स्वागत बिल्कुल अलग है। बापू अहमदाबाद के किनारे पर एक सादे किन्तु सुन्दर बँगले में रुके हैं। यहाँ भीड़ नहीं जुटती। वहाँ पहुँचते ही हमें बापू से मिलाया जाता है। बापू मुस्कराते हुए कहते हैं, 'ऐसा लगता है शामराव कब्र में से उठकर आया हो।'

मैं महात्मा के नज़दीक सो रहा हूँ। रात की प्रार्थना के लिए हमें जगाया जाता है। मैं तेज़ी के साथ चारपाई से उठता हूँ। शामराव प्रार्थना के मूड में नहीं है। बापू ऐसी टोन में 'शामराव' कहते हैं जो धमकी से कम नहीं और वह भी नतीज़तन चारपाई से उठ खड़ा होता है। उसके चेहरे पर दया और करुणा की याचना है।

बापू इन दिनों त्याग का पूरा मज़ा ले रहे हैं। उन्होंने कांग्रेस को भंग कर दिया है। वह साबरमती आश्रम को भी भंग कर रहे हैं और इसकी इमारत को वह सरकार या किसी को भी सौंपने को तैयार हैं। वह संसार से सब नाते तोड़ रहे हैं। वह अपने साथ कुछ राजनैतिक साधुओं को रखना चाहते हैं जिन्हें दुनिया भूल जाएगी। जेल उनके लिए मठ होगा। जेल की ड्रेस, उसका निरीक्षक और जेलर ही उनके लिए पादरी होंगे। इसके लिए वे तैयार हैं क्योंकि आश्रम में आजकल जेल का ही खाना बन रहा है। जेल जाना उनके लिए धार्मिक यात्रा होगी।

तीसरे पहर बापू हमें आश्रम में घुमाते हैं। सब लोग रोज़मर्रा के काम कर रहे हैं। ऊपर से सामान्य लग रहा है किन्तु सबको पता है कि एक अगस्त को आश्रम छोड़कर जेल जाना होगा। देश को आज़ाद कराने के लिए आराम, जायदाद

और परिवार के सब बन्धनों को तोड़ना होगा। मैं बापू से पूछता हूँ, 'क्या आप मठ की ज़िन्दगी को आदर्श मानते हैं ?' उनका जवाब है, 'मठ की ज़िन्दगी मानव आत्मा का चरम विकास है। बौद्ध मठ इसलिए नाकामयाब रहे कि उन्होंने आराम को अपना लिया था। मैं इस आश्रम से आराम को खदेड़ना चाहता हूँ।'

बापू मुझे एक अमेरिकन शिष्या से मिलाते हैं। उसने अपने केश मुँडा लिए हैं और उसने धोती और कुर्ता धारण कर रखा है ताकि वह भूल जाए कि वह एक औरत है। वह आश्रम के मैनेजर से जाकर कहती है कि उसकी आन्तरिक आवाज़ कहती है कि वह शाम की प्रार्थना के दौरान नृत्य करे। मैनेजर एक सख़्त स्वभाव का आदमी है जो इस सुझाव को पसन्द नहीं करता।

जुलाई 26, मुम्बई लौटकर के.ई.एम. अस्पताल में ठहरता हूँ। यहाँ मुझे वही कमरा मिलता है जिसमें एक बार मेरा पुराना दोस्त रिचर्ड ग्रेग ठहरा था।

जुलाई 30, ऑपरेशन थियेटर देखने जाता हूँ। वहाँ एक बूढ़े सज्जन का ऑपरेशन चल रहा है जो शेयर बाज़ार की बात कर रहा है। सचमुच ही यह हिम्मत का काम है।

जुलाई 31, आज मेरा ऑपरेशन है। बालों की सफाई के बाद 10 बजे मुझे मार्फिया का इंजेक्शन दिया जाता है। कुछ दोस्त थियेटर में आ गए हैं। सेठ जमनालालजी ठीक समय पर आकर मेरे सिरहाने बैठ जाते हैं। बाहर बरामदे में शामराव और श्रीकान्त बैठे हैं। एक गुलाबी पगड़ी पहने हुए सज्जन को मैं पहली बार देख रहा हूँ। वह बरामदे से हाथ हिला-हिलाकर मेरा उत्साह बढ़ा रहा है। बेहोशी दवा का असर ख़त्म होते ही मुझे तेज़ दर्द उठता है। मैं चीख़ पड़ता हूँ। मुझे क्लोरोफार्म सुँघाया जाता है। मुझे बड़ी राहत मिलती है। जागने पर देखता हूँ कि दोस्त मेरे चारों ओर खड़े चाय पी रहे हैं। एक सुन्दर नर्स मेरे मुँह में थोड़ी-सी बर्फ़ रख देती है। रात को एक बार फिर मुझे क्लोरोफार्म दिया जाता है।

अगस्त 9, टाँके हटा दिए जाते हैं। अस्पताल की बिल्ली ने अपने बच्चों को मेरी चारपाई के नीचे टिका रखा है।

अगस्त 10, मैट्रन सख़्त लहज़े में कहती है कि अस्पताल में पालतू जानवरों को रखने की इजाज़त नहीं है। हालाँकि यह ज्यादती है किन्तु मैं उसकी बात मानकर बिल्ली के बच्चों को वहाँ से हटवा देता हूँ। शामराव नगर निगम के वी.डी. क्लीनिक में पढ़ना शुरू कर देता है। श्रीकान्त एक साल के लिए शान्तिनिकेतन चला जाता है।

अगस्त 22, अस्पताल से छुट्टी मिलनेवाली है कि अचानक मुझे मलेरिया हो

जाता है। अभी तक भारत में मुझे कोई ऐसा आदमी नहीं मिला है जो मलेरिया का अचूक इलाज़ जानता हो। एक कुछ कहता है, दूसरा कुछ और। एक बार एक आदमी मुझे मिला था जो आग में तपी लाल छड़ को बाईं एड़ी से छुआकर मलेरिया ठीक करने का दावा करता था। एक नामी फर्म के डॉयरेक्टर ने मुझे बताया था कि मैं अपने घर के चारों ओर तुलसी के पौधे उगा लूँ। दक्षिण भारत का एक विद्वान डॉक्टर मरीज़ को बकरियों के छप्पर तले सुलाता है जहाँ वह अपने दूसरे दुखों को भूल जाता है।

कोई व्यक्ति लाइब्रेरी से मुझे एक मटमैली और बेकार दिखाई देनेवाली किताब लाकर देता है जो अन्दर से दिलचस्प है। यह किताब किसी जोंस नामक आदमी ने मलेरिया पर लिखी है। इसमें बताया गया है कि मलेरिया ने ग्रीस और रोम को तबाह कर दिया। 500 और 300 ईसा पूर्व ग्रीस के लोगों ने अपनी शारीरिक और दिमाग़ी ताकत खो दी। उनकी राजनीति में पहले जैसी देशभक्ति नहीं रही। उनकी कला भावुकता का शिकार हो गई। उनका फ़लसफ़ा निराशावादी हो गया। इसी समय के दौरान वहाँ मलेरिया का प्रकोप हुआ था। आज भी वहाँ हर पाँच में से दो लोग मलेरिया से पीड़ित हैं।

मलेरिया शायद अफ्रीका से आया। इतिहासकार हीरोडोट्स बताता है कि दलदली इजिप्ट में लोग वही जाल शरीर पर लपेटकर सोते थे जिनसे वे दिन में मछली पकड़ते थे। 450 ईसा पूर्व एथेन्स को लड़ने के लिए इजिप्ट जाना पड़ा। वे अपने साथ मछली पकड़नेवाले जाल नहीं ले गए थे। सैनिकों को मलेरिया हो गया और उनके साथ यह रोग एटिका पहुँच गया। रोम में भी मलेरिया फैला और ग्रीस के लोग कमज़ोर और अक्षम हो गए। रोम के लोग खून के प्यासे और हिंसक बन गए।

एक बात तय है कि 'मलेरिया आदमी को निहायत कमज़ोर बना देती है।' यह आदमी को मारता नहीं, उसको अक्षम और निराशावादी बना देता है। यह नैतिक और शारीरिक पतन का प्रतीक है।

मॉरीशस धरती का स्वर्ग था जब तक कि 1866 में मच्छरों ने लोगों को काटना शुरू नहीं किया।

मलेरिया जापान में कम, चीन में ज़्यादा है। दक्षिणी अमेरिका में बहुत है, उत्तरी अमेरिका में नहीं। पश्चिमी अमेरिका में काफ़ी है, दक्षिणी अफ्रीका में बहुत कम। तथ्यों के ये विरोध काफ़ी बड़े हैं।

अगर भारत को मलेरिया से मुक्ति पानी है तो उसे शारीरिक रूप से मजबूत बनना होगा। कुनैन की गोली इस आज़ादी का एक कारगर हथियार है जैसे भारत

की आज़ादी के लिए गांधी टोपी।

डी.एच. लारेंस ने अपनी कविता में मच्छर का एक क्लासिकी चित्र पेश किया है। वह इसको 'पंखों पर एक बुरी आत्मा', 'नुकीली दुखदायी रूह' और 'पंखोंवाली खून की बूँद', 'कान में अपनी घृणित बिगुल बजानेवाली' बताता है।

मैंने तुम्हें कुछ क्षणों छुपकर
गन्दे ढंग से मज़ा लेते हुए
खून पीते हुए देखा है
मेरा खून
इतनी खामोशी, इतना रुका हुआ हवा में उड़ना,
गले पर इतना वार करना,
इतनी गन्दी तरह सीमा का उल्लंघन
तुम कैसे इतनी शैतानी
इतनी कमज़ोर काया में भरते हो ?

अजीब बात है
कि इतने पतले पंखों और उड़ते पाँवों से
तुम कैसे बगुले या हवा के धीमे और गहरे धब्बे की तरह
उड़ते रहते हो,
एक नाचीज।

अगस्त 26, मेरे इलाज़ के चार्ट से पता चलता है कि मैं पीलिये का मरीज़ हूँ। दोस्तों को जानकारी मिल जाती है। वे मेरे पास आना बन्द कर देते हैं।

केवल पीलिया !

इस पीले रंग के ज्वारभाटे में न जाने कितने डूबते हुए बचे हैं। इन लोगों का एक खास समूह है।

वे जानते हैं कि पीलिए के मरीज़ को तीन शुद्धि चरणों से गुज़रना होता है। पहला पन्द्रह दिनों तक चलता है। यह एक ऐसे हिंडोले की तरह है जो रुकना भूल गया है। इसमें इलाज कारगर नहीं। 'क्या कोई उम्मीद नहीं,' आप डॉक्टर से पूछते हैं। एक हिम्मत बढ़ानेवाली मुस्कान के साथ डॉक्टर जवाब देता है, 'लीवर खत्म होने पर तुरन्त मौत हो जाती है लेकिन स्थिति सुधर भी सकती है। सम्भवतया सुधर जाएगी।'

दूसरा शुद्धि चरण एक लम्बा उपवास है। मध्यकाल में यह चालीस दिनों तक चलता था। आजकल इक्कीस दिनों तक। सन्तों को उपवास में जो आनन्द

मिलता था वह मुझे नहीं मिला। मेरे लिए सादा भोजन और उच्च विचार धर्म से कम नहीं। जब मैं उपवास रखता हूँ तो सिर्फ खाने के बारे में सोचता हूँ।

ऐसे मौके पर मैं या तो ऐसी अंग्रेजी मैगज़ीन अथवा ऐसे अंग्रेजी उपन्यास पढ़ता हूँ जिनमें इंग्लैंड के स्वादिष्ट व्यंजनों का ज़िक्र होता है। क्रिसमस पर खाए जानेवाले व्यंजन भी बहुत लजीज़ होते हैं।

शुद्धि का तीसरा चरण उदासी का होता है। मैं बरटन द्वारा लिखित 'एनाटॉमी ऑफ मेलंकली' पढ़ता और भोजन का एक चार्ट तैयार करता हूँ। मैं डॉक्टर से कहता हूँ, 'मेरा पीलिया अब ठीक हो गया है। अब मेरी परेशानी सिर्फ़ उदासी है और इसे दूर करने के लिए सब युगों के उत्तम डॉक्टरों ने इसकी सिफारिश की है।' यह कहकर मैं निम्न चार्ट उसके हाथ में थमा देता हूँ।

डाइट शीट

बकरी के बच्चे, खरगोश, चूजे, बछड़े, भेड़, तीतर और सभी पहाड़ी चिड़ियों का गोश्त।

सब तरह के शोरबे जिनमें हर प्रकार के स्वाथ्यवर्द्धक और गुणकारी पत्ते हों।

अच्छे और शुद्ध गेहूँ की रोटी जिसमें चोकर न हो।

विभिन्न प्रकार की मछलियाँ।

स्वादिष्ट चैरीज और बेर, सेब, अनार, अंगूर, नाशपाती इत्यादि फलों का सलाद ताकि पेट मजबूत हो और बुखार न हो।

पालक, चुकन्दर, सोया, सौंफ आदि का सेवन जिससे वात का प्रकोप न हो।

हर व्यंजन में गुलाब जल का प्रयोग।

सबसे हल्की शराब अर्थात् बीयर

—और किसी दुर्घटना की आशंका से मैंने इस शीट को इस तरह ख़त्म किया, 'दूध और उससे बने पदार्थ—मक्खन, पनीर, दही' आदि।

डॉक्टर ने मुझे घूरकर देखा क्योंकि वह शाकाहारी और मद्य-त्यागी है। उसने घंटी बजाकर नर्स को बुलाया। 'मरीज़ की डाइट-शीट लाओ।' उसने तुरन्त इसका पालन किया। डॉक्टर ने कहा, 'कल से यह शुरू कर दो।' मैंने कहा, 'नहीं, आज शाम से।' डॉक्टर ने फिर कहा, 'कल से यह मरीज़ ग्लूकोज़ और जौ के पानी पर नहीं रहेगा। उसे अच्छी डाइट दो। प्रतिदिन दही, दो सन्तरे और एक अंडा।'

सितम्बर 18, एक दोस्त मुझे देखने आता है और मेरे प्रति संवेदना ज़ाहिर करता है।

सितम्बर 20, बापू मुझे देखने आते हैं। वह प्रसन्नचित्त हैं। उनको देखने के लिए आधा अस्पताल इकट्ठा हो जाता है। मुझे रोबर्ट हॉल के वे शब्द याद आ जाते हैं जो उसने विलबरफोर्स के बारे में कहे थे। 'विलबरफोर्स एक छोटा जीव है। वह देखने में सुन्दर नहीं। लेकिन उसके चेहरे को देखो और उसको बोलते हुए सुनो तो आप उसकी शक़्ल के सम्बन्ध में भूल जाओगे। आपको लगेगा कि वह प्रेम का अवतार है।'

अक्टूबर 5, मुझे अस्पताल से छुट्टी मिलनेवाली थी कि मेरे साथ रहनेवाला शामराव बीमार पड़ जाता है। वह मिट्टी खाने से बीमार हुआ है जो ईसाई फकीर की सामान्य आदत है। इससे उसका सम्मान बढ़ जाता है। मुम्बई के एक नामी यौन-रोग विशेषज्ञ का भाषण सुनता हूँ।

अक्टूबर 8, इजिप्ट से मेरी बहिन का पत्र आता है। वह अपने साथ वहाँ मछली पकड़ने का जाल ले गई है। पत्र में वह यह भी लिखती है कि उसने इवानजेलिकल महिलाओं को बताया है कि उसके भाई ने सेंट फ्रांसिस की जीवनी लिखी है।

अक्टूबर 12, आखिरकार अस्पताल से छुट्टी मिल जाती है। शामराव और मैं एक पहाड़ी स्थान माथेरन जाते हैं जहाँ हमें स्वास्थ्य लाभ करना है।

अक्टूबर 20, शामराव को फिर वही बीमारी हो जाती है जिसकी जड़ मिट्टी है। वह छुपकर यह काम कर रहा होगा। एक बड़ी उम्र का ब्राह्मण मिलता है जिसने नए किस्म की डब्लू.सी. और नाक-थैली ईजाद की है। हम उसकी बातों से बोर हो जाते हैं। हमारे ख़्याल से स्वास्थ्य लाभ नामक आनन्द को ज़रूरत से ज्यादा महत्त्व दिया जाता है और हम जल्दी मुम्बई लौट आते हैं।

अक्टूबर 24, मुम्बई से करंजिया के लिए रवाना हो जाते हैं। जमकर खाना खाते हैं। स्टेशन पर हमें एक जैन दोस्त ले जाता है। ट्रेन में काफी भीड़ है। सामान के बीच तीन बड़े बोरे हैं जिनमें सन्तरा, अमरूद तथा दूसरे फल देनेवाले वृक्षों की बड़ी पौध है। करंजिया में पहले ही काफी वृक्ष हैं। निश्चय ही यह काम शामराव का होगा जो कुछ सामान लाने के लिए प्लेटफार्म पर गया है। मैं तीनों बोरे स्टेशन-मास्टर को दे देता हूँ। वापस आते ही शामराव मुझ पर बसर पड़ता है, 'आप मेरे साथ कुत्ते जैसा बर्ताव करते हैं। वे वृक्ष कई सौ रुपए के थे।'

अक्टूबर 26, तारों से भरा हुआ आकाश है जब हम पेंड्रा रोड पहुँचते हैं। वहाँ से हम करंजिया के लिए चल पड़ते हैं। पानी से भरे खेतों और तीन पर्वत श्रेणियों की रोमांचक यात्रा है। जिस घोड़े पर गेहूँ और चीनी लदी है वह नदी में गिर पड़ता है।

अक्टूबर 27, आगे चलकर हमें नदी के किनारे एक खस्ताहाल दारू की दुकान मिलती है। हम आराम करना चाहते हैं। दारू बेचनेवाला हमें शरण देने के लिए तैयार नहीं होता। उससे काफी बहस करनी पड़ती है। आखिरकार वह हमें एक शर्त पर आरामदेह कमरा दे देता है। विदा होते वक़्त हम किसी हिन्दू से कमरे की गोबरी लिपाई करा देंगे ताकि यह शुद्ध हो सके।

अक्टूबर 28, पवित्र नर्मदा को पार कर हम अपने ज़िले में दाखिल हो जाते

हैं। यहाँ हर गाँव में हमारा स्वागत किया जाता है। करंजिया से छह मील पहले हम एक गाँव में भोजन करते हैं। अमरूद के झुरमुट में भूख मिटाकर बड़ा आनन्द मिलता है। चाँदनी रात में आठ बजे हम आश्रम में पहुँच जाते हैं। वहाँ सब चीज़ें तरतीब से हैं। मुस्तफ़ा खान और सोहोरी ने सब्जी और फूलों के बहुत-से पौधे हमारी अनुपस्थिति में लगा दिए हैं। गेहूँ के भंडार में कुछ दानों में घुन लग गया है और कुछ पुरानी पुस्तकों को सफेद चींटियों ने खा लिया है।

अक्टूबर 30, वृक्षारोपण करते हैं। ये वे वृक्ष हैं जो सौभाग्य से शामराव ने मुम्बई स्टेशन मास्टर को नहीं लेने दिए थे। मुझे तीन का ख़्याल था, वास्तव में ये चालीस निकले। इंग्लैंड से कई पत्र आते हैं। इनमें मुझे स्वदेश लौटकर शादी करने, ज्यादा विटामिन खाने, जंगली लोगों से बचने और सब धर्मों को बराबर न समझने की सलाह दी गई है। पत्रों को पढ़कर मेरे मन में तरह-तरह के विचार आते हैं। जंगली मुर्ग़े के बारे में पाइथागोरस की राय से लोग क्यों परेशान होते हैं। पृथ्वी पर जानवर के रूप में पुनर्जन्म लेना कितना अच्छा है, पी.जी. वोड हाउस के एक उपन्यास में मूल्यवान सुअर की तरह। लंच के लिए घंटी बजती है और मेरे विचारों की यह श्रृंखला टूट जाती है।

नवम्बर 10, कार्तिक की मदद से बच्चों का स्कूल फिर खुलता है। यह गोंड देखने में भद्दा भले ही लगे किन्तु वह बहुत मिलनसार और योग्य है। उसकी चार बेटियाँ हैं। बूढ़े गनपत से उसकी रिश्तेदारी है। इस कारण भी लोग उसका सम्मान करते हैं। शामराव नमक और राख से टूथपेस्ट तैयार करता है लेकिन बच्चे न इसे पसन्द करते हैं और न गर्म पानी से स्नान को।

नवम्बर 11, बगीचा फिर से शुरू करता हूँ। पहाड़ी पर गेंदा और जीनिया मिल जाते हैं जिन्हें मैं चर्च के बगीचे में उगाना चाहता हूँ। पता नहीं मुस्तफ़ा खान ने क्यों वहाँ पत्ता गोभी की कतार लगा रखी है। शायद वह थैकरे की तरह सोचता है कि–

कोई पौधा बगीचे में नहीं लगाया गया है
गोबर की खाद दी गई, खुरपे से नुलाया गया
माली द्वारा सींचा गया, मैं सोचता हूँ
इतना मीठा जितना कि हरी पत्ता गोभी।

नवम्बर 12, शामराव जो डिस्टिल्ड वाटर और खून टेस्ट का विशेषज्ञ बन गया है डिस्पेंसरी को और बढ़िया बनाने में लगा है। चीमडू की पत्नी जो नन्हें गणेश की माँ है एक नामी चुड़ैल है। वह गाँव के एक अच्छे परिवार से सम्बन्धित लड़के पर जादू चलाती है क्योंकि वह खुद को 'जेनलीमैन' अर्थात् जेंटलमैन समझता है।

लड़का मर जाता है। उसका पिता जुलान चीमडू के घर जाता है और उसकी बीबी को बालों से खींचकर पीटता है। तब तक पीटता है जब तक उसे सन्तोष नहीं मिल जाता। चीमडू पुलिस स्टेशन जाकर जुलान की शिकायत करता है। जुलान उसकी पत्नी के खिलाफ़ रिपोर्ट दर्ज कराने जाता है। जुलान ज्यादा रिश्वत खिला सकता है इसलिए मामला आगे नहीं बढ़ता।

नवम्बर 14, मारुति बढ़िया रसोई बनाती है। वह स्वभाव से सुशील भी है। बूढ़े गनपत की बूढ़ी बीबी उससे नाराज़ होकर भाग गई है। गनपत कहता है कि उसने उसे नाराज़ करने के लिए कुछ नहीं किया। थोड़ी उसकी पिटाई की, उसके माँ-बाप को गाली दी और कहा कि वह गाँव के आधा दर्जन जवानों के साथ सो चुकी है। शामराव उसकी बीबी को मनाने के लिए जाता है लेकिन वह फिलहाल लौटने के लिए तैयार नहीं। गनपत भी कई जवान लड़कियों को जानता है जो खुशी से उसकी देखभाल करना चाहेंगी।

नवम्बर 15, चाय का कप ले जाते हुए मेरा पाँव एक ज़हरीले साँप पर पड़ता है। न तो वह मुझे काटता है, न ही चाय बिखरती। तिब्लू वापस लौट आता है और औरत को उसके पति के पास भेज देता है। इस औरत के तेवर बड़े सख़्त हैं। वह अपने पति से कहती है कि अगर उसने उसे बेवफ़ा कहा तो वह फिर चली जाएगी। भविष्य में सब पैसा और जायदाद उसकी होगी। पति हैरान होकर उसकी सब बातें मान लेता है। दोनों दुबारा घर बसाकर शान्ति से रहने लगते हैं। उधर तिब्लू तुलसीदास को पढ़ने में लग जाता है। वह नियमित रूप से इंजेक्शन लगवाने डिस्पेंसरी में आता है।

नवम्बर 20, रात के स्कूलों को बन्द कर अब हम दस मील की परिधि में आनेवाले कई गाँवों में ब्रांच घर खोलना चाहते हैं। वहाँ का आदमी उसका कार्यकर्ता नियुक्त किया जाएगा जिसे दस से बारह रुपए तक महीने में भत्ता दिया जाएगा। हम तय करते हैं कि हमारा पहला कार्यकर्ता परम विश्वसनीय मुस्तफ़ा खान होगा जिसके अन्दर अनेक गुण हैं। उसमें एक ही कमी है कि वह खुलकर अपनी बात नहीं बता सकता। इसलिए वह इस गुबार को कभी हमारी, कभी अपनी और कभी अपने धर्म की बुराई करके निकाल देता है। ऐसा करते हुए वह खुश नज़र आता है।

नवम्बर 21, मुम्बई में लम्बी बीमारी के बाद मैं अपने में कमज़ोरी महसूस करता हूँ तो भी इतनी ताक़त है कि एक मील दूर की घाटी में बसे गाँव बोंदार तक जा सकूँ। हमें यहाँ आश्रम की शाखा खोलनी है। यह गाँव कानवा नदी के किनारे है। निहायत सुन्दर स्थान। इसके एक ओर लाल रंग की पहाड़ियाँ हैं तथा

दूसरी ओर पहाड़ियों पर चढ़ता हुआ जंगल। पंडा बाबा के मकान में आराम करता हूँ। इस नामी गोंड का मकान उनके धन्धे के अनुकूल पवित्र चीज़ों से सजा है—घोड़े के बाल के चाबुक, कीलों जड़े चाबुक, नुकीले लोहे के डंडे जिन्हें मस्ती में नाचते हुए गालों या जीभ के आर-पार किया जा सके। फर्श पर लकड़ी के जूते हैं, एक छोटे से पोल के आगे धधकते हुए कोयले हैं, कुछ गेंदे और मोरपंख हैं। पंडा बाबा बोंदार स्कूल की पूरी जिम्मेदारी लेने को तैयार हैं। मुस्तफ़ा खान भी मेरे साथ है। हम पंडा बाबा की पत्नी से मिलते हैं। उसमें न ज्यादा अक़्ल है न अच्छी शक़्ल। वह बराबर बोलती रहती है—हमारे साथ भी। पंडा बाबा यह साक्षात्कार यहीं ख़त्म कर देते हैं।

नवम्बर 25, चिमडू डिप्टी कमिश्नर के पास अपनी प्रार्थना भेजता है कि उसे जुलान से सौ रुपए की रक़म दिलाई जाए।

नवम्बर 26, जुलान घोषणा करता है कि यदि चिमडू उसे जेल भिजवाता है तो जेल से निकलने के बाद तीस रुपए का खाना और दारू खरीदेगा और खा-पीकर चिमडू की हत्या कर देगा। मैं इस लफ़ड़े को निबटाना चाहता हूँ। दोनों से बात करता हूँ। चिमडू अस्सी रुपए लेना चाहता है। जुलान पन्द्रह की राशि पेश करता है।

नवम्बर 27, चिमडू साठ रुपए लेने को तैयार है, जुलान की पेशकश अठारह की है, यह कार्य पंडा बाबा की देखरेख में चल रहा है।

नवम्बर 28, चिमडू चालीस तक नीचे आता है, जुलान चौबीस तक ऊपर जाता है।

नवम्बर 30, आखिरकार तीस रुपए पर मामला निबट जाता है। दोनों एक कागज़ पर हस्ताक्षर करते हैं कि आगे कभी वे गाँव की शान्ति भंग नहीं करेंगे।

दिसम्बर 5, बोंदरा के सुन्दर गाँव में स्कूल खोलते हैं गारे के एक छोटे मकान में। वहाँ के रहनेवाले हमारा स्वागत करते हैं। उनका उत्साह देखते ही बनता है। वे बन्दूक छोड़ते हैं, नारियल फोड़ते हैं और हमें मालाएँ पहनाते हैं। वे सारी रात नाचते हैं। हम पूरी रात जागते हैं।

दिसम्बर 6, सारी रात न सोने पर पछतावा होता है।

दिसम्बर 12, थाडर की अलग-थलग किन्तु बेहद खूबसूरत घाटी में घूमते हैं। एक छोटी और सुन्दर पहाड़ी पर बसे कोटरी गाँव में आश्रम की दूसरी शाखा खोलने का निर्णय लेते हैं।

दिसम्बर 15, बोंदार से ख़बर आती है कि उन्नीस गोंड बच्चे स्कूल में आ रहे हैं। उत्साहित होकर अब हम नर्मदा नदी की दिशा में बढ़ते हैं। एक पुराना

ज़मींदार हमें कुछ ज़मीन देने के लिए तैयार है। वह हमें अपने घर में सोने की इजाज़त नहीं देता। उसको डर है कि हमारे कारण उसका घर अपवित्र हो जाएगा। वह हमें खटमलों से भरे छप्पर के नीचे भेज देता है।

दिसम्बर 17, जमींदार सन्देश भेजता है कि वह हमें ज़मीन नहीं देगा। उसे डर है कि उसकी ज़मीन उसे वापस नहीं मिलेगी। लड़कियों को स्कूल में लाना बहुत मुश्किल काम है। गोंड लड़के पढ़ी-लिखी लड़कियों से शादी नहीं करना चाहते। उनका विचार है कि शिक्षित लड़कियाँ पत्र लिख सकती हैं और इससे वे कुछ भी खुरापात कर सकती हैं।

दिसम्बर 23, डाकिया हमें बोरी भर डाक देता है। इसमें कई दोस्तों द्वारा भेजे गए पार्सल हैं जिनमें बेर से बना व्यंजन, खजूर, बादाम, मुनक्का और माँ द्वारा भेजी हुई चॉकलेट्स हैं। मुम्बई के दोस्तों ने केक, ओटमील बिस्कुट आदि भिजवाए हैं। जासूसी कहानियों के बंडल, डैरिक की 'पैराबल्स' और कुछ अच्छा साहित्य।

दिसम्बर 24, रंगीन कागज़ों से आश्रम के चर्च को सजाया जाता है, मोमबत्तियों की कतार को लकड़ी के टुकड़ों पर टिकाया जाता है तथा जंगल से पर्याप्त मात्रा में लाई गई टहनियाँ भी सजावट का अहम् हिस्सा हैं। फूलों की संख्या अलबत्ता कम है। कल बड़ा दिन मनाया जाएगा।

दिसम्बर 27, पंडा बाबा का सुझाव है कि कोटरी में खुलनेवाला स्कूल तिब्लू की देखरेख में चलना चाहिए। तिब्लू अगरिया जाति का है (यानी लुहार) जो दुनिया की शुरुआत से चली आ रही है। तिब्लू की माँ दावा करती है कि उन्हीं के हल ने पहली बार इन बंजर और प्रागैतिहासिक पहाड़ियों को खोदा था। उनकी जाति लोहार सुर (जो उनका देवता है) को काले मुर्ग़े की बलि चढ़ाती है। तिब्लू शाकाहारी है और बलि के मौके पर मौजूद नहीं रहता।

दिसम्बर 29, तिब्लू और पंडा बाबा के साथ कोटरी में स्कूल खोलने जाता हूँ। यहाँ बोंदार से भी अधिक स्वागत होता है। एक बदशक्ल लड़का लड़की की ड्रैस पहनकर बहुत सुन्दर नृत्य पेश करता है। उसके सिर पर घी का बर्तन और जलता हुआ लैम्प है। उसका सन्तुलन देखते ही बनता है। नाच के साथ दो वायलिन तथा एक दर्जन ढोल बज रहे हैं।

दिसम्बर 31, नर्मदा नदी के किनारे स्कूल के लिए जगह ढूँढ़ने की दुबारा कोशिश करता हूँ। हरा टोला जो नर्मदा के मोड़ पर स्थित है मुझे पसन्द आ जाता है। इस बार श्रीकान्त मेरे साथ है। लजीज़ आमलेट बनाता हूँ। श्रीकान्त बढ़िया रोटियाँ तैयार करता है।

1934

जनवरी 3, सिफ़लिस के लिए इंजेक्शन लेने के बाद नाचनेवाली लड़की की सनसनीखेज़ ढंग से तबीयत बिगड़ जाती है। सौभाग्य से शामराव के पास ही एड्रेनैलिन और गर्म पानी की बोतलें रखी हैं जिनकी मदद से लड़की की हालत पूरी तरह सुधर जाती है। डिस्पेंसरी के सम्मान में इजाफा हो जाता है। गाँववाले कहते हैं कि हमारे पास ऐसी दवा है जो सचमुच कारगर है। रोगियों की भीड़ तेज़ी से बढ़ने लगती है। सब वही इंजेक्शन लेना चाहते हैं। उन्हें क्या पता कि उसके कारण वे चौपट गिर सकते हैं।

जनवरी 5, हमारी एक भैंस हमारा साथ छोड़ जाती है। वह अनन्त के ठंडे गारे में स्नान करने चली गई है। मुझे पिछली रात ही यह अजीब अहसास हो गया था मानो वह आश्रम में न हो। गाँववाले कहते हैं कि भैंस की आत्मा मुझसे विदा लेने के लिए मेरे पास आई थी।

जनवरी 14, पाँच कोढ़ी एक साथ आते हैं। वे आश्रम से जाने के लिए तैयार नहीं। उनमें से एक गाय-गोबर के गड्ढे में बैठ जाता है जो सचमुच आश्रम की सबसे आरामदेह जगह है।

जनवरी 16, नर्मदा आश्रम खोलने जाते हैं। रास्ते में भूकम्प का हल्का-सा झटका महसूस करते हैं। नर्मदा का आश्रम फुग्गू और उसकी बहिन आद्री की देखरेख में चलता है। फुग्गू पंका जाति का है जिसका सीधा सम्बन्ध बाघों से है। यदि कोई बाघ मार दिया जाता है तो निम्न समझे जानेवाले पंका गोंड घर के तमाम मिट्टी के बर्तनों को फोड़ देते हैं, सिर मुँडाते हैं और खाना बाँटकर शोक मनाते हैं। आद्री ने बहुत रोमांचक जवानी बिताई है। उसका इंजन के ड्राइवर से इश्क़ हो गया था। वह उसके साथ शादी रचाना चाहती थी किन्तु उसका परिवार ऐसे विवाह के खिलाफ़ था। एक बार उसने मुसलमानी की तरह बुर्का पहनकर भागने की कोशिश की; लेकिन पकड़ी गई।

बच्चों की बड़ी भीड़ विभिन्न गाँवों से आती है। सब सूखी घास की लम्बी-चौड़ी बेड बनाकर सो जाते हैं। गणेश जो पहले लँगड़ा था अब दौड़ने लगा

है। कार्तिक उसे सुझाव देता है कि वह खुद को साँड़ मानकर यह कल्पना करे कि वह गायों के पूरे झुंड का पीछा कर रहा है। इस कल्पना से प्रेरित होकर वह बिना चीखे पाँच मील की दौड़ लगा आता है।

जनवरी 17, पेड़ों का एक नया तोहफा आता है जिसमें खट्टे नीबू और आम हैं। इनको शुभ स्थानों पर रोप दिया जाता है तथा इसके ऊपर छोटी छतें लगा दी जाती हैं ताकि कोहरे से इनका बचाव हो सके।

जनवरी 18, आश्रम में इस समय बहुत कोढ़ी रहते हैं। शामराव का सुझाव है कि एक कोढ़ियों का घर क्यों न बना दिया जाए। हमारे पास पर्याप्त बैंक बैलेंस है। हम अगले रोज़ से बोंदार में कोढ़ियों के लिए एक इमारत बनाने का निर्णय लेते हैं।

जनवरी 19, शोर मचाती हुई गोंड औरतों की एक टोली आती है। पता चलता है कि ग़रीब विधवा मानकुअर ने अपनी सास से चार साल पहले बीस रुपए उधार लिए थे। साढ़े तैंतीस प्रतिशत सूद देकर वह अब तक पैंतीस रुपए दे चुकी है लेकिन मूल अभी ज्यों का त्यों है। हम ऋण सम्बन्धी अच्छी कहानियाँ सुनाकर सास को मनाने में सफल होते हैं। वह दस रुपए में झगड़े को निबटाना चाहती है। वह मानकुअर के स्टाम्प बोंड लौटा देती है जिसको फाड़ दिया जाता है। मानकुअर से दूसरे कागज़ पर अँगूठा लगवा लिया जाता है। उसे हमारे साथ काम करना है जब तक बिना सूद दिए दस रुपए वापस नहीं हो जाते।

जनवरी 20, कोढ़ियों के लिए घर बन ही रहा है कि बुरी हालतवाला कोढ़ी वहाँ आता है जिसको दधी डोकेरा (यानी दाढ़ीवाला बूढ़ा शरीर) के नाम से पुकारा जाता है। आते ही वह ज़मीन पर लेट जाता है और अपने ऊपर घास डाल लेता है।

जनवरी 22, दो भालू शोर मचाते हुए आपस में लड़ते हैं। यह शोर और ज्यादा होने लगता है जब सोहोरी दारू के नशे में अपनी बीबी को पीटते हुए घर लौटता है। गोंड लोग अजीब ढंग से दारू पीते हैं। वे इसको दो-चार घूँटों में ही ख़त्म करना चाहते हैं ताकि जल्दी ही टुन्न हो सकें।

जनवरी 27, बड़ी ठंड है। मैं हाथ में कलम भी नहीं पकड़ सकता। पता नहीं क्यों भारत की जलवायु को ऊष्ण कटिबन्धीय कहा जाता है। बहुत गन्दी हालत में एक ब्राह्मण संन्यासिनी आती है। उसे स्नान कराया जाता है और उसके केश मूँड दिए जाते हैं। पच्चीसवर्षीय तूता नामक जवान आता है। उसे मिर्गी का दौरा पड़ता है। उसके दाहिने हाथ में फालिज है। एक दौरे के बीच वह आग में गिर गया था जिसके कारण उसका बायाँ हाथ बुरी तरह जल गया है। जब वह आया

तो बाएँ हाथ में मवाद होनेवाला था। पिता-समान कार्तिक के साथ हमने उसे तुरन्त बिलासपुर अस्पताल में भेज दिया।

जनवरी 29, पंडा बाबा हमें एक भूत की रोचक कहानी सुनाते हैं जो गाँव के नज़दीक एक सेमूर वृक्ष पर रहता है। वह गोंड लोगों के अनुसार एक राक्षस है जो प्यार का स्वाद चखे बिना मर गया था। उसके अन्दर आग धधकती रहती है और जब यह आग बर्दाश्त से बाहर हो जाती है तो वह वृक्ष से उतरकर गाँव की कुँआरी लड़कियों के घर पहुँच जाता है।

फरवरी 1, बूढ़ी संन्यासिनी का देहान्त हो जाता है। उसने शामराव को अपना बेटा माना था। तूता पहले ही शामराव को अपना बाप समझता था। शामराव उसकी अर्थी तैयार करता है। क्रिया-कर्म से सम्बन्धित सभी संस्कार भी उसी को करने पड़ते हैं।

फरवरी 2, पंडा बाबा और श्रीकान्त निकलते हैं बैगा इलाके में घूमने के लिए। साथ में खाना पकानेवाली मारुति और छह सामान ढोनेवाले हैं। दस मील के सफर के बाद वे चौरादादर गाँव पहुँचते हैं। रास्ते में पंडा बाबा उन्हें तरह-तरह की जानकारियाँ देते हैं। कई स्थानों पर गोबर पड़ा है। बाबा उनका फर्क समझाते हैं, यह बाघ का है, यह भालू का है। कहीं हिरन चौकड़ी भरता हुआ सड़क पार करता है, कहीं सुअर आराम कर रहा है।

फरवरी 3, इलाके के अन्दर कराडिह तक पहुँचते हैं। यह पहली बैगा बस्ती है। बैगा आदिवासियों के बाल लम्बे और रंग काला होता है। ये लगभग नंगे रहते हैं। कम दिमाग होते हैं (ऑक्सफोर्ड में इतिहास विषय में सी ग्रेड लायक हैं।) रात में आग के चारों तरफ हम बैठे हैं। एक बूढ़े से हम उसकी जवानी के बारे में पूछते हैं। वह बताता है, 'तब सुखीराज यानी स्वर्णिम काल था। उन दिनों खाना बहुत अच्छा होता था।' उसने आगे कहा, 'फॉरेस्ट गार्ड्स के आने पर कलयुग अर्थात् अँधेरे का काल शुरू हुआ। अब यह हमारी ज़िन्दगी है—थोड़ी जुआर, बीमारी और मौत।' हम उसकी बातों से प्रभावित होकर उसे कोई उपहार देना चाहते हैं लेकिन पंडा बाबा को रुपए की बर्बादी पसन्द नहीं और उस बैगा को टरका देते हैं।

फरवरी 4, मुख्य सड़क को छोड़कर अन्य बैगा गाँवों की तलाश में निकलते हैं। सुन्दर नामोंवाले इन गाँवों तक हमें जाना है—लुद्रा तालियापानी, चकमक तोला और पकारीपानी। रात होने तक हम इनमें से एक में भी नहीं पहुँच पाते हालाँकि हम अनेक पहाड़ों, जंगलों और नदियों को पार कर चुके हैं। आखिरकार आधी रात में हम लुद्रा तालियापानी जा लगते हैं। यहाँ के लोग हमारा दिली स्वागत करते

हैं। वे ज्यादा मजबूत शरीर और साफ रंग के हैं। हमें गाँव के अतिथि गृह में ठहराया जाता है। यह घासफूस और गारे से बना है। आग की समुचित व्यवस्था है, रस्सियों से बाँधी गई चारपाइयाँ हैं और बैठने के लिए छोटी सीटें हैं। लोगों के जाने पर हमें सोना नसीब होता है।

फरवरी 5, सुबह होते ही हम देखते हैं कि तालियापानी एक ऊँची पहाड़ी की पथरीली ढलान पर बसा एक छोटा-सा गाँव है जिसके नज़दीक पहाड़ियों और जंगल का समन्दर है। यहाँ होथू नामक बैगा से हमारी मुलाकात होती है जो अपने कबीले के बारे में हमें बहुत-सी बातें बताता है। वह कहता है कि संसार के आरम्भ से ही बैगा लोगों का अस्तित्व है। वे साँपों की सन्तान हैं और निपट नंगे पैदा हुए थे। नंगत्व को ढकने के लिए ईश्वर ने उन्हें नौ गज़ लम्बा कपड़े का टुकड़ा दिया। उन्होंने एक गज़ टुकड़ा फाड़कर अपने लिए रख लिया और बाकी लौटा दिया। पंडा बाबा ने सख्त लहज़े में कहा कि उसके बाद न तो वे कभी नहाए और न ही कोई कपड़ा पहना। मैं पंडा बाबा से पूछता हूँ कि वह बैगा लोगों के प्रति इतने कठोर क्यों हैं तो वह बताते हैं कि वे पानी से नहीं, पत्तियों से अपना शरीर साफ करते हैं। मैं समझता हूँ कि पंडा बाबा उनके प्रति कुछ अच्छी राय भी रखते हैं। वे धरती के निकट हैं। पहले बैगा के जन्म पर धरती बहुत खुश हुई थी और उसने वादा किया कि जिस चीज़ को भी उसके हाथ छुएँगे उसमें बढ़ोतरी होगी। बैगा आदिवासी धरती के इतने निकट रहते हैं कि वह उन्हें प्यार करती है और उन्हें अपने सारे रहस्य बता देती है।

फरवरी 6, एक लम्बी और थकाऊ यात्रा के बाद बैगा चौक पहुँचते हैं जहाँ अभी बेवार नाम की खेती की जाती है जिसके तहत जंगल को काटकर जला दिया जाता है और राख में बीज बो दिए जाते हैं। वे धरती माँ की छाती हल से नहीं चीरना चाहते। इस प्रकार की खेती में श्रम और खर्च दोनों ही कम करने होते हैं। शाम को हम सिलपीरी गाँव में पहुँचते हैं।

फरवरी 7, सिलपीरी के लोग अच्छे हैं लेकिन हमारे साथ जो गोंड लोग आए हैं वे बैगा कबीलेवालों के प्रति घृणा-सी रखते हैं खासतौर से उनकी पूजा शैली के प्रति। पंडा बाबा कहते हैं कि उनकी पूजा अजब ही सही वे आत्माओं को बुलाने में सक्षम हैं।

मैं बहुत दिनों से महात्मा गांधी को पत्र लिखना चाहता हूँ। उनको मैं यह बताना चाहता हूँ कि इस इलाके में मुझे एक ऐसा आदमी मिला जो उनके नाम से अनजान है। मैं निराश हो जाता हूँ क्योंकि सिलपीरी में भी सब उनके नाम से वाकिफ़ हैं।

तीसरे पहर जमकर बैगा नाच होता है। मैं कई फोटो खींचता हूँ और श्रीकान्त उनके गीत लिखता है। बैगा लड़कियाँ काफी बातूनी होती हैं। उन्हें कोई भी फँसाकर हार्डी की टैस यानी ट्रैजिक हीरोइन बना सकता है।

फरवरी 8, धारकाटा पहुँचते हैं। यहाँ दारू का एक ठेका है और लोग हमारे आने का जश्न खूब दारू पीकर मनाते हैं। पंडा बाबा के कारण शाम अच्छी गुज़रती है जब वह संसार की उत्पत्ति के बारे में जानकारी देते हैं। यह जानकारी बाइबिल के जेनेसिस से थोड़ी अलग है किन्तु इसमें चार्ल्स डारविन और एच.वी. वेल्स की खामियाँ नहीं हैं।

फरवरी 9, धारकाटा से करंजिया की पैंतीस मील की दूरी एक दिन में तय करने की सोचते हैं। अगले दिन अलस्सुबह उठते हैं जब जमीन कोहरे के कारण गीली रहती है। एड़ियों में बिवाइयाँ पड़ गईं हैं इसलिए वहाँ वेसलीन लगाते हैं। हम नंगे पाँव ही सफ़र करते हैं। पंडा बाबा फुसफुसाते हैं, 'हालाँकि कोहरा है लेकिन पाँव पसीने से चमक रहे हैं।' उनतीस मील चलने के बाद हम एक गाँव की खस्ताहाल झोंपड़ी में शरण लेते हैं। थकान की वजह से हम खाना भी नहीं खाते।

फरवरी 10, छह मील का छोटा सफ़र तय करके हम अपनी मंजिल पर पहुँच जाते हैं। मुझे यह देखकर आश्चर्य होता है कि मेरी गैरमौजूदगी में वहाँ सब काम ठीक ढंग से चल रहे थे। एक नया सिपाही करंजिया में नियुक्त हो गया है। मुझे लगता है कि भैंगा होने के कारण वह हम सब पर नज़र रख सकता है। वह कहता है कि उसे बताया गया है कि मैं एक भद्रपुरुष हूँ और इस नाते मैं उसे अपने बेटे के समान समझूँ।

फरवरी 12, पाँच कोढ़ियों को भर्ती कर एक कोढ़ी घर खोलता हूँ। ये हैं— दिलफेंक गिसलू प्रधान जो कई लड़कियों को यह रोग लगा चुका है। उसकी दूसरी सुन्दर बीबी फूलमत उसकी पूरी निष्ठा से देखभाल करती है। गिसलू की पहली बीबी को कोढ़ नहीं हुआ है और वह घर पर रहकर परिवार की जिम्मेदारियाँ सँभालती है। दूसरा कोढ़ी है दधी डोकेरा जिसकी हालत बहुत नाजुक है। तीसरा है खूबसूरत गोंड जवान राजाराम जिसके दोनों पंजे और अँगुलियाँ गल चुकी हैं। चौथा है मिसेज पंडा बाबा का पहले पति से पैदा हुआ बेटा और पाँचवाँ है गमीरा जो एक सुन्दर और आकर्षक गोंड है। उसका रोग शुरुआती दौर में है।

फरवरी 14, तूता बिलासपुर से लौट आया है। सरकारी डॉक्टर ने उसकी जिन्दगी बचाकर एक चमत्कार किया है। एक उँगली ही कटी है और उसका हाथ भी बच गया है। तूता हमें अपने रोमांचक अनुभव बताता है। अस्पताल से छुट्टी

मिलने पर उसे किराया देकर स्टेशन भेज दिया गया। प्लेटफार्म पर पहुँचकर उसने देखा कि ट्रेन धीरे-धीरे स्टेशन से बाहर खिसक रही थी। वह पटरी के किनारे-किनारे उसके पीछे दौड़ने लगा। वह मीलों दौड़कर दूसरे स्टेशन पर पहुँच गया। वह लेट गया और उसे नींद आ गई। उसकी नींद दूसरी ट्रेन के शोर से टूट गई। वह कूदकर उसके पीछे दौड़ने लगा। तीसरे स्टेशन पर रहमदिल स्टेशन-मास्टर ने उसे सारी स्थिति समझाई, उसे खाना खिलाया और सही ट्रेन आने पर उसमें सवार कर दिया।

अब तूता लगभग असहाय है। उसे खाना खिलाया जाता है, नहलाया जाता है और उसे सुला दिया जाता है, हालाँकि वह चल सकता है और दूसरों की मजाक उड़ा सकता है। उसकी खुराक अच्छी है और उसे खिलाने में एक घंटे का समय लग जाता है। खाने के बीच एक गम्भीर क्षण आता है जब वह अपने वेस्टकोट के निचले बटन की ओर इशारा करता है। इसको खोला जाता है और यह खुला हुआ हिस्सा बार-बार हवा में उड़ता है।

फरवरी 17, एक छोटे स्तर का मिशनरी आश्रम में आता है। उस समय मैं वहाँ नहीं था। वह शामराव से कहता है, 'मिसेज एल्विन को ऐसा बेटा पाकर बहुत दुख होता होगा।'

फरवरी 19, सिपाही शामराव को बाज़ार में थप्पड़ मार देता है। एक हंगामा खड़ा हो जाता है। सारा दिन गाँववालों को मनाने में लग जाता है कि वे पुलिस-स्टेशन पर हमला न बोलें। कुछ लोग उपवास रखते हैं। कुछ दिलकश महिलाएँ रोने लगती हैं। कई संस्कृतियों में यह रिवाज है कि उस पवित्र गाल को चूम लो जिस पर दमनकारी ने थप्पड़ मारा है। हम यह रिवाज गोंड लोगों और खासतौर पर गोंड महिलाओं में नहीं फैलाना चाहते।

फरवरी 25, होली का त्यौहार है। महिलाओं के दल घूम रहे हैं। वे हर मर्द को पीट रही हैं जब तक वह उन्हें चावल, दारू या पैसों का उपहार नहीं दे देता। आज तूता जमकर दारू पीता है।

मार्च 6, 'मानसून' नामक उपन्यास का लेखक विल्फ्रेड डेविड आता है। यह समझकर कि वह बहुत धनी है, रसोइया उसके लिए बहुत उम्दा व्यंजन बनाता है। विल्फ्रेड डेविड बहुत ऊँची आवाज़ में 'टैक्ट्स एंड प्रीटैक्ट्स' का पाठ करता है जो एक साधारण कृति है।

मार्च 9, विल्फ्रेड के सम्मान में एक खास नृत्य होता है। वह आश्रम की छत पर बैठता है ताकि कार्यक्रम को अच्छी तरह देख सके। मैं डरता हूँ कहीं वह नीचे न गिर जाए।

मार्च 10, नर्मदा आश्रम जाते हैं। विल्फ्रेड भी साथ है। वह आदिवासियों की तरह जमीन पर ही सोता है। यहाँ मेरी उससे साहित्यिक बातचीत होती है। वह हमसे विदा लेता है। रास्ते के लिए हम उसे पानी की बोतल देना भी भूल जाते हैं।

मार्च 15, आबकारी अफसर आता है। वह आयुर्वेद में विश्वास करता है। डिस्पेंसरी देखने के बाद वह कहता है कि हम गोंड जाति का अहित कर रहे हैं। आश्रम में तुलसी के पौधे देखकर वह शान्त हो जाता है।

मार्च 16, एक मुसलमान का पत्र मिला। इसमें मेरी बहुत तारीफ़ की गई है। वह अपने नौ बच्चों के साथ आकर आश्रम की सेवा करना चाहता है। साथ में वह यह भी लिखता है कि यदि उसे कुछ ज़िन्दा बाघ और तेंदुए भिजवा दिए जाएँ तो मुझे कलकत्ता में उनकी बहुत ऊँची कीमत मिल सकती है।

मार्च 18, नर्मदा के किनारे स्थित भीमकुंडी गाँव के मुसलमान जमींदार का पत्र आया। कभी यहाँ बलशाली भीमसेन पवित्र नदी के सामने जमीन पर बैठा था। तब नदी पर्वतों से सागर तक दौड़ रही थी। भीमसेन ने उसे चुनौती दी कि वह उसके पास से गुज़रकर तो दिखाए। पवित्र नदी ने भामीं मछली का रूप धारण कर लिया जो साँप जैसी लगती है। वह जमीन में घुसकर गायब हो गई और मीलों दूरी पर जाकर ऊपर आ गई...मैं कहाँ था ? हाँ, भीमकुंडी के जमींदार ने इस सुन्दर स्थान पर स्कूल के लिए हमें जगह देने से इन्कार कर दिया। चार स्थानीय मुसलमानों का एक दल हम उसे समझाने के लिए भेजते हैं। दुर्भाग्य से वे इस्लाम के अलग-अलग सम्प्रदायों के थे और जब उन्हें भीमकुंडी में शान्तिपूर्वक बात करनी थी वे आपस में धार्मिक बहस करने लग जाते हैं। इस प्रकार अपनी ज्यादा होशियारी की वजह से हमने जमीन पाने का यह मौका खो दिया।

मार्च 20, भीमकुंडी से दो मील दूर बरनाई के गोंड जमींदार ने हमें स्कूल के लिए जगह पेश की। यह गाँव सेहत और सौन्दर्य के दृष्टि से अच्छा नहीं। एक पतला-सा नाला पास में बहता है वहीं गाँववाले दिशा-मैदान जाते हैं किन्तु स्कूल के लिए जगह बहुत माकूल है। शामराव इसका चुनाव कर लेता है। आश्रम में आने पर शामराव को बिच्छू काट लेता है। पंडा बाबा उसका इलाज कर देते हैं।

मार्च 27, जिले में अपराधों का रिकार्ड देखता हूँ। पिछले साल शान्तिभंग करने और गैरकानूनी सभाएँ करने के लिए नौ जेलयात्राएँ हुईं। पन्द्रह अपराध जानलेवा हमला करने, ग्यारह गम्भीर चोट पहुँचाने, सताईस मवेशी चुराने, छह गलत ढंग से आजीविका कमाने, एक अफीम एक्ट का उल्लंघन करने तथा चार सेंधमारी और चोरी करने से सम्बन्धित थे। कुल मिलाकर अपराधों की संख्या

निन्यानवे हुई। तलाकों को इन अपराधों में शामिल नहीं किया गया है।

अप्रैल 10, गर्मी की एक बड़ी चादर हम पर फैल गई है। पुलिस मेरी साठ पुस्तकें जब्त कर लेती है जो कुछ दिन पहले ही एक दोस्त ने भेजी थीं और जिन्हें अभी हमने पढ़ा नहीं था और पढ़ना भी नहीं चाहते थे। मेरी अनेक धर्म सम्बन्धी पुस्तकों को आग में फेंक दिया जाता है। गाँववाले आग में से कुछ पुस्तकें निकाल लेते हैं। एक बूढ़ी गोंड विधवा 'फार सिनर्स ओनली' की प्रति अपने घर ले जाती है जहाँ घर के देवता की तरह इसकी पूजा की जाएगी। मुझे इससे खुशी होती है।

अप्रैल 13, क्रिस्टा सेवा संघ से तीन लोग आते हैं जिन्हें अपने कार्यकर्ताओं के साथ कपिलधारा ले जाते हैं। पंडा बाबा के अनुसार इस प्रपात का जल सभी पापों को धो देता है। गंगा काली गाय के रूप में इसके पवित्र जल में साल में एक बार आकर नहाती है। रात में पाप के ऊपर लम्बी बहस होती है जिसका कोई नतीजा नहीं निकलता। सामान्य राय यह है कि गौ-हत्या सबसे बड़ा पाप है; लेकिन मुस्तफा खान इससे सहमत नहीं। उसके मुताबिक सबसे जघन्य पाप है सत्य को धोखा देना। सोहोरी कहता है कि आँख सबसे बड़ी पापी है। यह अन्य सभी पापों का नेतृत्व करती है। पंडा बाबा एक नई राय पेश करते हैं। वह कहते हैं कि तम्बाकू-सेवन सबसे भयंकर पाप है। इससे मुँह गन्दा होता है और ऐसे मुँह की चुम्मी को स्वीकार नहीं किया जा सकता। हमारे बहुत से जवान साथी उसी क्षण से तम्बाकू त्याग देते हैं।

अप्रैल 21, शामराव के साथ कोटरी आश्रम जाता हूँ। यहाँ 'प्रोग्रेसिव स्कूल्स' का वातावरण और अनुशासन देखता हूँ। कहीं मैंने पढ़ा है कि बच्चे की जिन्दगी तीन भागों में बंटी है—रोमांच, सही विचार और सामान्यीकरण। ये सारे बच्चे रोगांच की स्थिति में हैं जब हेडमास्टर की गर्दन पर चाय गिरना रोमांचकारी लगता है। सुबह वे नदी में खूब नहाते हैं और शाम को आग के चारों ओर बैठकर पहेलियाँ बूझते हैं। 'एक छोटी चिड़िया कूदती हुई चलती है और चलते हुए नौ सौ अंडे देती है। वह क्या है ?' उत्तर एक सुई। या फिर 'काली गाय जमीन पर पड़ी सो रही है, लेकिन लाल गाय हवा में नाचती है।' उत्तर आग।

अप्रैल 23, बरनाई में नया स्कूल खोलते हैं। काफी बड़ी भीड़ जमा है। गाँववाले पूरी रात नाचते हैं। अगली सुबह थोड़ा-सा भोजन करते हैं। यह सत्तर बच्चों को खिलाने के बाद बचा भोजन है। सहसा हवा का तूफान आता है। सब चीज़ें लकड़ी के टुकड़ों, घास आदि से ढक जाती हैं। क्रिस्टा सेवक संघ के लोगों को अपनी वस्तुओं की बर्बादी का दुख है।

अप्रैल 25, श्रीकान्त की सेवा का समय खत्म हो जाता है। ब्रदर टॉम भी हमसे विदा लेता है। टॉम और श्रीकान्त अलग-अलग रास्ते पकड़ते हैं। टॉम जंगल में अकेला भटक जाता है। उसे रेलवे स्टेशन तक पहुँचने के लिए पच्चीस मील की दूरी तय करनी है। सड़क पर उसे रीवा की महारानी की मोटर मिलती है। उसे उसमें बैठा लिया जाता है। महारानी के कैम्प में पहुँचकर उसे गर्म स्नान, स्वादिष्ट डिनर और सिगरेटें मिलती हैं। श्रीकान्त को ढूँढ़ने के लिए एक दल भेजा जाता है। उसकी तलाश कामयाब रहती है। श्रीकान्त को भी कैम्प में सब तरह की सुविधाएँ मिल जाती हैं। अगली सुबह तरोताजा होकर वे अपनी राह पकड़ते हैं।

अप्रैल 27, पुलिस का डिप्टी निरीक्षक आता है। ऊपरी तौर पर उसका बर्ताव दोस्ताना है। वह दो पुस्तकें जब्त करता है– फिशर की 'स्ट्रेंज लिटिल ब्राउन मैन गांधी' और मजूमदार की 'गांधी वर्सेज द एम्पायर'। उन दोनों में मेरा उल्लेख है।

एक नया कोढ़ी आता है। वह एक साधु है जो सिर के बल खड़ा होकर या वृक्ष की शाखा पर बैठकर ध्यान लगाता है। जब शामराव बताता है कि उसको क्या बीमारी है तो वह पत्ते की तरह काँपने लगता है।

मई 1, काकरोच बहुत हो गए हैं। क्रिस्टा सेवा संघ के बिललैश के चावल में एक पका हुआ काकरोच निकलता है। वह इसके बाद खाना नहीं खाता। एक खूबसूरत कोढ़ी लड़की दूसरे कोढ़ियों के कष्ट देखकर रोने लगती है।

तूता शादी करने के लिए बेचैन है। इस समय उसके लायक लड़की डिस्पेंसरी में है। शामराव उसे मनाने की पूरी कोशिश करता है लेकिन बात नहीं बनती। शाम को तूता मुझे विश्वास में लेकर कहता है कि यदि पंडा बाबा एक काले मुर्गे की बलि दे दें तो लड़की मान जाएगी। क्या मैं इस काम के लिए अपना असर इस्तेमाल करूँ ? मैं तूता से कहता हूँ कि मैं भी एक पादरी हूँ और मैं उसके हित में ईश्वर से प्रार्थना कर सकता हूँ। वह मुझे सन्देह की दृष्टि से देखने लगता है। आखिरकार वह कहता है कि पंडा बाबा एक अभिमन्त्रित नारियल को लड़की की चारपाई के नीचे फोड़ दें।

मई 8, गोंड लोग बहुत रोमांटिक हैं। गोंड समाज कई तरह की दोस्ती से जुड़ा हुआ है और वे शादियों से भी ज्यादा टिकाऊ हैं। इनके नाम हैं–बाजली, सखी, जवार, महाप्रसाद, गंगाजल, अमरबेल, गुलाब फूल, केलापान, नर्मदा जल इत्यादि। शामराव की एक छोटे भद्दे लड़के के साथ बाजली और आमिर के साथ गुलाबफूल दोस्ती है। मेरी अपनी गुलाबफूल एक नन्हीं लड़की है। मेरे तीन जवार हैं–नन्हीं जिगरी, कोटरी का एक सुन्दर लड़का और मेरे गाँव का कुन्दरू। शामराव

के पास भी जवार है—अपने गाँव का ही सुधू जो बड़े पेटवाले छोटे रंगेर का बाप है। रंगेर जो स्कूल में आनेवाला सबसे गन्दा बच्चा है। यह तय पाया गया कि आखिर दो तरह की दोस्ती को नियमित कर दिया जाए। एक घर के आँगन में पूरा गाँव इकट्ठा हो जाता है। शामराव और मैं बड़ी पीतल की थालियों में चावल, दाल, नमक, नारियल और एक-एक कमीज और धोती लिए हुए हैं। पहले मैं आँगन में बीचोबीच बैठता हूँ। मेरे सामने कुन्दरू बैठा है जिसके पास भी वही सामान है। तब पंडा बाबा का एक शिष्य जो 'गुनिया' कहलाता है हमारे सामने अग्नि जलाकर उसमें सुगन्धि डालता है। कुन्दरू और मैं अपनी थालियों की अदल-बदल करते हैं। इस तरह उसके उपहार मेरे पास और मेरे उसके पास पहुँच जाते हैं। कुन्दरू और मैं एक-दूसरे के कान पर जवार के हरे अंकुर लटका देते हैं। वह एक गोंड माला मुझे पहना देता है। 'गुनिया' नारियल को तोड़ता है। उसके छोटे टुकड़े हम एक-दूसरे के मुँह में डालते हैं और फिर गोंड शैली में एक-दूसरे के गले मिलते हैं। इसके बाद हम एक-दूसरे को नाम से नहीं पुकारेंगे और ज़िन्दगी में परस्पर सहायता करेंगे। शामराव और सुधू भी यही करते हैं। सब लोगों को मिठाई और नारियल बाँटा जाता है। सबके चेहरों पर खुशी है।

बाद में गाँव आश्रम में आकर पूरी रात नाचते हैं।

मई 9, क्रिस्टा सेवक संघ के दोस्त नाच के कारण जागते रहते हैं और सुबह 3.30 पर हमसे विदा लेते हैं। उनके लिए घोड़ों और साथ जानेवाले लोगों का इन्तजाम कर थके हुए सो जाते हैं।

मई 10, एक वकील दोस्त आता है जो कट्टर हिन्दू है। उसने कभी प्याज, अंडा और कॉफी का सेवन नहीं किया है। अपना खाना सबसे अलग बैठकर खाता है। वह अंग्रेजी दवाइयों में विश्वास नहीं करता। दमे के लिए वह गाय का ताज़ा और गर्म चार औंस पेशाब लाभकारी मानता है; प्लीहा के लिए गाय का पेशाब और जंगली फल का मिश्रण। शामराव कहता है, 'अभी दमे का कोई इलाज नहीं।' वकील जवाब देता है, 'यह इसलिए है कि पश्चिमवालों को गौमूत्र के लाभकारी गुणों का पता नहीं है।'

एक जवान गाँववाले को लाया जाता है। उसके पाँव में मछली मारने का नुकीला भाला फँसा था। ऑपरेशन के बिना इसे निकालना मुमकिन नहीं। उसके मित्रों को राजी किया कि उसे पेंड्रा ले जाएँ। रास्ते में उन्हें रेवा की महारानी मिल जाती हैं जो अभी तक जंगल में परी-माँ की तरह टिकी हुई हैं। वहाँ ऑपरेशन से उसका पाँव बच जाता है।

मई 12, रोनाल्ड और मिलीसेंट फ्रीमैन आश्रम में हमारे साथ ठहरते हैं। वे

कोढ़ के बारे में जानकारी रखते हैं। इस बीच समाचार मिलता है कि जंगल में अस्सी डाकू छुपे हुए हैं जो आश्रम में लूटमार करना चाहते हैं। एक सोलहवर्षीय सजग युवक पहाड़ी पर गार्डों के रूप में गाँववालों को तैनात कर देता है और खुद को बन्दूक, दो भाले, कमान और जहरीले तीर, चार कुल्हाड़े, तेजाब आदि से लैस कर चारपाई पर जागता रहता है। सौभाग्य से डाकू नहीं आते।

मई 14, मिलीसेंट जो पुरुलिया के बड़े कोढ़ी घर में काम कर चुकी है हमारी शरणस्थली को देखती है और अनेक मूल्यवान सुझाव देती है। इंजेक्शन के बाद वह सभी कोढ़ियों को कम्पाउंड के तीन चक्कर लगवाती है। इस दौड़ में साधु शामिल नहीं है जो सिर के बल खड़ा ध्यान लगा रहा है। कोढ़ियों के लिए दौड़ना निश्चय ही लाभकारी है लेकिन विकृत पाँवों से दौड़ना मुझे एक मध्यकालीन पेंटिंग की याद दिला देता है जिसका नाम है—मौत का नाच। रोनाल्ड कोढ़ियों के इलाज के सम्बन्ध में सेंट फ्रांसिस के आशीर्वाद को जरूरी समझता है।

मई 16, स्कूल के सब बच्चों को चेनोपोडियम की खुराक दी जाती है जो सालाना टीके से भी ज्यादा दुखदायी है। मिलीसेंट बताती है कि बढ़ा हुआ प्लीहा पेट के कीड़ों के कारण होता है। रोनाल्ड एक ऐसी चम्मच बनाता है जिससे तूता आराम से खाना खा सकता है और इस तरह उसको भोजन खिलाने में हमारा जो एक घंटा लगता है वह बच जाएगा।

मई 18, ज़िले की गाँव विकास कमेटी आई है। इसमें डिप्टी कमिश्नर, आयकर अफसर, दो सहायक मवेशी डॉक्टर, मेडिकल अफसर, पुलिस का सर्किल इन्स्पेक्टर, कृषि विशेषज्ञ तथा अन्य दूसरे विकास रैली के लिए आए हैं। पुलिस ने आकर हमारे किसानों को पीटा ताकि वे गाँव विकास कमेटी के सदस्यों के लिए सब सुविधाएँ उपलब्ध कर सकें। दिखाने के लिए एक खाद का गड्ढा खोदा जाता है और एक बैल को बधिया किया जाता है। आधे-भूखे गाँववालों से मुफ्त भोजन पाकर शाम को विकास कमेटी के सदस्य भाषण देते हैं। कृषि विशेषज्ञ बताता है कि अच्छी फसल के लिए गाँववालों के पास अच्छी जमीन, अच्छी खाद और पर्याप्त पानी होना चाहिए। दाढ़ीवाला मवेशी डॉक्टर कहता है कि गाय उसकी माँ है। दूसरे बोलनेवाले सुझाव देते हैं कि गोंड लोग अपने घरों को साफ-सुथरा रखें (जबकि गोंड घर बहुत साफ होते हैं), मच्छरदानी का इस्तेमाल करें और गाय के गोबर को जलाएँ। अठारह घंटे रहने के बाद विकास कमेटी के सदस्य गाँव से चले जाते हैं।

मई 20, पूना के बीज बेचनेवाले हमारे दोस्त ने बरसात के लिए हमें बीज भेजे हैं। इन पैकिटों में टमाटर, बन्दगोभी, बैंगन, चुकन्दर, फली, मटर, मूली, कद्दू

आदि सब्जियों के बीज थे। मक्का के भी बीज थे। जीनिया, गुलमेंहदी, नीले फूलवाली लताओं, गुलबहार, सूरजमुखी आदि फूलों के बीज थे जो भारी बरसात को बर्दाश्त कर सकते थे।

मई 22, करंजिया से तीन मील दूर रैयतवार नामक गाँव में भी हमने स्कूल खोला। स्कूल पेड़ों के साए में बनी बड़ी-सी गारे की इमारत में खोला गया। गाँववाले रातभर नाचकर किसी के घर में सोने चले गए। पौ फटते ही आकर देखते हैं कि पंडा बाबा किसी लड़की के साथ दो बरस के बच्चे की तरह नाच रहे हैं।

मई 30, गाँव में एक आदमी को हैजा हो गया है। इस बीमारी को रोकने के लिए कदम उठाए जाते हैं।

जून 1, हैजे का मरीज़ मर जाता है। किन्तु एहतियाती उपायों के कारण कोई दूसरा आदमी इस बीमारी से पीड़ित नहीं होता।

बूढ़ी लँगड़ी औरत जो शामराव की देखरेख में एक महीने से आश्रम में रह रही है खड़ी होकर चलती है। यह एक चमत्कार है जो शामराव की मालिश और परवाह के कारण मुमकिन हुआ है।

जमनालालजी ने हमें एक सुन्दर छोटा घोड़ा भेजा जिसके माथे पर एक सफेद सितारा था।

जून 15, अपने सारे कार्यकर्ताओं को दस दिन के लिए शैक्षिक यात्रा पर कलकत्ता ले जाता हूँ। सुकली, नानस, टिब्लू और अगरिया इससे पहले कभी ट्रेन में नहीं बैठे हैं। वे सब शहरी ज़िन्दगी से नावाकिफ हैं। वे पहली सुरंग, पहली ट्राम, पहला वायुयान देखने के लिए उत्तेजित हैं।

बिलासपुर से कलकत्ता मेल पकड़ते हैं। थर्ड क्लास के पूरे डिब्बे में सम्पन्न दीखनेवाले गुजराती लोग मिलते हैं जिन्होंने सीटों पर अपने बिछौने और सामान रखे हुए हैं। दूसरे लोग उस डिब्बे में सिर्फ़ खड़े रह सकते हैं। शामराव उनके साथ तीन घंटे तक बहस करता है। एक मुसलमान भी उसका साथ देता है। दोनों कहते हैं कि गुजराती लोग निर्धन-विरोधी हैं। आखिरकार हम लोगों को बैठने की जगह मिल जाती है। कम रोशनी में मैं डी.एच. लारेन्स की 'वर्जिन एंड द जिप्सी' पढ़ता हूँ और एक सोते हुए रेलवे कुली का सिर बार-बार मेरी गोद में आ जाता है। आधी रात में गुजरातियों को पता चलता है कि हम लोग कौन हैं। फौरन माहौल बदल जाता है और वे दो आरामदेह बर्थ हमारे लिए खाली कर देते हैं। सुबह उन्होंने हमें पचास रुपए का चैक भी भेंट किया।

हम आधुनिक कलकत्ता में पहुँच जाते हैं जहाँ काफ़ी शोर है। लेकिन हरिजन

आश्रम अलबत्ता मध्ययुगीन है। यहीं हमारे टिकने का इन्तजाम है। यहाँ हमारे मेजबान सतीश दास गुप्ता हैं जो बहुत योग्य कैमिस्ट और सज्जन आदमी हैं। आश्रम में बेहद गर्मी और मच्छर हैं।

जून 18, मच्छरों के आतंकवादी हमले के बाद 3.45 पर प्रार्थना के लिए उठ जाता हूँ। सुबह 6 बजे नाश्ते के लिए जाता हूँ। सोचता था कि चाय मिलेगी; लेकिन ठंडा पानी दिया जाता है। चिड़ियाघर देखने के लिए निकलते हैं। रास्ते में कई कप चाय के पीकर बेहतर महसूस करता हूँ। चिड़ियाघर में हिप्पो सबको पसन्द आता है। बन्दरों के बाड़े में एक मोटी बंगाली मेरी बगल में दबी 'थैंक यू जीवूज़' नामक पुस्तक की ओर इशारा करके कहता है, 'क्या यह होली बाइबिल की प्रति है।' मेरे मना करने पर भी वह कहता है, 'आप जैसा आदमी होली बाइबिल ही रख सकता है।' आश्रम लौटकर मैं एक आईना किसी से माँगकर उसमें अपने आपको देखता हूँ। रात में हम 'रोबिन हुड' नामक फिल्म देखते हैं। ठीक समय पर सो जाते हैं ताकि सुबह प्रार्थना के लिए उठ सकें।

जून 19, प्रार्थना के बाद बंगाल कैमिकल वर्क्स जाते हैं। दोपहर को संग्रहालय और शाम को 'आनन्द बाज़ार पत्रिका' के प्रिंटिंग प्रेस जाते हैं जहाँ हमें बहुत स्वादिष्ट बंगाली मिठाइयाँ खिलाई जाती हैं। विक्टोरिया मेमोरियल, ब्लैक हॉल, ईडन गार्डेन आदि देखते हैं और डॉक्टर कालीदास नाग से मिलने जाते हैं। मैं एक लम्बे अर्से के बाद यूरोपियन डिनर खाता हूँ। मुझे यह देखकर दुख हुआ कि मेरे खाने पर मेरे ग्यारह साथियों के भोजन से दुगना खर्च आया है।

जून 20, ज्यादा गर्मी। ज्यादा मच्छर। बारिश। कॉटन मिल जाते हैं। ब्रेकफास्ट में चाय मिलती है। न्यू मार्केट गए जो कलकत्ता में सबसे अच्छी जगह है। साथी लोग बंगाली ड्रामा देखने और मैं सोने के लिए जाता हूँ।

जून 21, पाँवों में विषैले घाव हो जाते हैं। मुझे लगता है कि मैं जहन्नुम में हूँ। दोपहर को स्वामी विवेकानन्द द्वारा स्थापित बेलूर के रामकृष्ण मठ में जाते हैं। कई अनजान संन्यासी हमारा स्वागत यह कहकर करते हैं कि वे मुझे बरसों से पढ़ रहे हैं। निश्चय ही वे मुझे किसी दूसरे आदमी के स्थान पर समझ रहे होंगे। मठ में बढ़िया लंच खाने के बाद एक बूढ़े पुजारी से बातें करता हूँ जो हुक्का पी रहा है। रामकृष्ण मठ के लोगों ने पश्चिमी मठों की कई बातें अपना ली हैं। गंगा में नाव की यात्रा कर कलकत्ता पहुँचते हैं। रास्ते में मेरे साथी आसमान में उड़ता हुआ पहला वायुयान देखते हैं; किन्तु उसे देखकर वे उतना आश्चर्य नहीं करते जितना मैंने सोचा था।

जून 22, तीन साथियों को शीतला निकल आती है। हमारे मेजबान सतीश

बाबू डर जाते हैं। हम उनके ऊपर भार नहीं बनना चाहते और शीघ्रता से जंगल को चल पड़ते हैं।

जून 28, हफ्ते-भर की बारिश ने गाँव का रूप ही बदल दिया है। ज़ीनिया पूरी पहाड़ी पर खिल रहा है और स्कूल के पास की जमीन गेंदा की खेत बन गई है। हमारे घरों की दीवारें 'चिर्रा' घास से ढक दी गई हैं ताकि उन पर बारिश का असर न हो।

जुलाई 5, सब्जियों और फूलों के बीज बोते हैं। उनमें गाय के गोबर की राख की खाद देते हैं। दोनों तरह के बीज हमने गाँववालों में भी बाँटे।

गाँव में यह चर्चा ज़ोरों पर है कि कार्तिक को जात-बिरादरी से बाहर कर देना चाहिए क्योंकि कलकत्ता जाते हुए उसने अपनी आत्मा और जुबान को अशुद्ध कर लिया होगा। आश्रम में आदमी के हाथ जितना लम्बा और बालोंवाला बिच्छू घुस आता है।

जुलाई 6, कार्तिक के विरोधियों को यह कहकर शान्त करते हैं कि जो ऐसे काम में हिस्सा लेगा उसको आश्रम से कोई नौकरी, उधार और दवाई नहीं मिलेगी।

जुलाई 8, एक अपाहिज धीमार औरत को उसका पति लाया। मगर सफर ने लगभग उसे मार दिया है। धीमार यानी मछुआरे। धीमार लोग 'सिंगारा' नामक अखरोट जैसी सूखी मेवा उगाते हैं जिसका 'स्वाद नारियल और आलू के बीच का और गन्ध साबुन जैसी।' शाम को आश्रम की पहाड़ी पर एक दोहरा इन्द्रधनु। पंडा बाबा कहते हैं, 'इन्द्रधनु चींटी की छोटी-सी पहाड़ीनुमा घर से आती है। मैंने यह खुद देखा है।'

जुलाई 15, पिथु नामक एक छोटा गोंड लड़का आश्रम में आकर कहता है कि वह हमारे साथ रहेगा। उसको मना करना मुश्किल है। क्या यह बच्चों के हॉस्टिल की शुरुआत है ?

जुलाई 17, यह साफ़ है कि पिथु यह खबर फैला देता है कि आश्रम के लोग भी अच्छे हैं और खाना भी अच्छा। नतीजतन; तीन लड़के और एक लड़की आश्रम में रहने के लिए आ जाते हैं।

जुलाई 18, नये माकूल कार्यकर्ताओं को पाने की उम्मीद से एक परीक्षा भी ली गई। पन्द्रह के लगभग लोग हाज़िर होते हैं। एक छोटा लिखित टैस्ट है और दूसरा लम्बा मौखिक टैस्ट। टैस्ट देनेवालों में सब-इंस्पेक्टर का सियार कोटवार भी है। हमारे सवालात उनकी नज़र में शिक्षा से सम्बन्धित नहीं थे।

जिन सवालात में हमें मज़ा आया वे इस प्रकार थे—

1. क्या तुमने अपनी बीबी और बेटियों को शिक्षित किया है ? यदि नहीं तो तुम दूसरों को कैसे शिक्षा दे सकोगे ? (कोटवार कहता है कि यदि वह अपनी बीबी और बेटियों को शिक्षा देता तो वे प्रेम-पत्र लिखना सीख जातीं।)
2. तुम एक मुसलमान के हाथ से क्यों नहीं खाना चाहते ? (इसका कोई एक बढ़िया जवाब नहीं दिया जा सकता।)
3. क्या तुम चाहते हो कि कमरे में घुसते ही बच्चे तुम्हें देखकर खड़े हो जाएँ और वे तुम्हें 'सर' कहें ? (कोटवार ने कहा, बिल्कुल। इसी तरह से बच्चों को बर्ताव करना चाहिए।)
4. क्या तुम सोचते हो कि बच्चों को पीटना ठीक है ? (सभी का यही जवाब था कि यह बिल्कुल ठीक है।)
5. गाँव में हैजा फैलने पर तुम क्या करोगे ? (कोटवार ने कहा कि वह छुट्टी की दरख्वास्त देकर यथाशीघ्र वहाँ से दूर चला जाएगा।)
6. निम्नलिखित में से सबसे बड़ा पाप तुम किसे समझते हो–

    गौ हत्या
    अपनी बेटियों को अशिक्षित रहने देना
    कबीले के अन्दर किसी औरत से नाजायज़ सम्बन्ध रखना
    दूसरे कबीले की मरती हुई औरत को सहायता न देना
    झूठ बोलना
    गरीबों से जबरन या बिना मजूरी दिए काम कराना

(सभी इस पर एकमत हैं कि गाय की हत्या करना सबसे बड़ा पाप है। कोटवार यह भी कहता है कि कबीले के अन्दर किसी औरत के साथ नाजायज़ सम्बन्ध रखना सबसे बड़ा पाप है यदि लोगों को इसका पता चल जाए। यदि पता न चले तो यह कोई पाप नहीं है।)

केवल एक उम्मीदवार पास होता है। बाकी ज़िन्दगी भर के लिए हमारे दुश्मन बन जाते हैं। वे समझते हैं कि अनर्गल सवालात पूछकर उनको बेवकूफ बनाया गया है।

जुलाई 24, होस्टल खुल जाता है। उसमें ये बच्चे रहते हैं–हज़ारी, सेपाया, रन्नू, रत्तन और ढोली। वे सब 'एलिस वन वंडरलैंड' के निवासी लगते हैं।

जुलाई 25, मुम्बई के दोस्त द्वारा भेजा हुआ दवाइयों का पार्सल मिलता है। ये सब उसने ड्रग मार्केट के दुकानदारों से ली हैं। ये सभी उपयोगी हैं लेकिन कॉटन के दो दर्जन बंडल कुछ पुराने हैं। शामराव उनसे बच्चों के लिए वास्कट बना देता

है ताकि वे कपड़ों के नीचे इन्हें पहन सकें।

जुलाई 29, पंडा बाबा आजकल अपनी बीबी के बातूनी होने से दुखी दीख पड़ते हैं। इस सम्बन्ध में मुझे वड्र्सवर्थ की वह कविता याद आती है जिसमें एक बूढ़ी और कमदिमाग़ भेड़ हर वक़्त मिमियाती रहती है और दो और दो का जोड़ तीन बताती है।

जुलाई 30, मूसलाधार बारिश हो रही है। पड़ोसी के ज़िले के जेल अफसर का पत्र मिलता है जिसमें पूछा गया है कि क्या हमारे आश्रम में जवान और विवाह योग्य उम्र की कोई लड़की रहती है। यदि हाँ तो हम यह सूचना भेजें कि आश्रम में जाँच-पड़ताल के लिए कब आया जा सकता है। गुलाब के फूल बहुत बड़ी संख्या में खिले हुए हैं। टमाटरों की भी बहार है और बीन के तने घरों के ऊपर चढ़ गए हैं।

अगस्त 1, स्कूल-बगीचे के छोटे पौधों को गाय खा गई है। एक जंगली बिल्ली रात में मेरी चारपाई के पास म्याऊँ-म्याऊँ करती हुई, उत्तेजित ढंग से दौड़ी मगर आखिरकार बाहर चली गई। दो या तीन घंटे के बाद मैं पानी पीने के लिए चारपाई से उठा। लालटेन बुझ चुकी है। जब मैं पानी के बर्तन की ओर हाथ बढ़ाता हूँ तो मुझे सरसराहट का धीमा शोर सुनाई देता है। मैं तुरन्त वहाँ से हटकर लालटेन जलाता हूँ। बर्तन के चारों ओर कुंडली मारकर एक लम्बा कोबरा बैठा हुआ था। मेरे पाँव से सिर्फ तीन इंच दूर। बिल्ली ने वास्तव में मुझे खतरे से आगाह कर दिया था।

अगस्त 2, मुम्बई निवासी पारसी दोस्त ने खादी के बड़े पार्सल भेजे हैं जो सौ बच्चों की कमीजों के लिए काफी है। साथ में छह कालीन, कश्मीरी चादर, कम्बल, तौलिए, कमीजें, धोतियाँ, टोपियाँ और वास्कटें। सर्दी के मौसम के लिए इन सब कपड़ों को सावधानी से रख दिया जाता है। होस्टल के बच्चे ठीक काम कर रहे हैं। रात में जब सोहोरी उन्हें बाँसुरी सुनाता है तो वे अपनी जुड़ी चारपाई से अपना चेहरा निकालकर झाँकते हैं।

अगस्त 3, बर्रों के छत्ते पर गर्म पानी डालकर उन्हें मार दिया जाता है।

अगस्त 4, सूरजमुखी के पौधे किसी रोग के कारण नष्ट हो जाते हैं। जीनिया, नीले फूलवाली लताएँ, गुलमेंहदी, गेंदा आदि बहुतायत से खिले हुए हैं।

अगस्त 8. हरा टोला और बरनाई में शीतला फैल जाती है। जिन गोंड बच्चों को टीका लगा हुआ है वे इस महामारी से बच जाते हैं। हिन्दू बच्चों को यह बीमारी ज्यादा हो गई है; क्योंकि उनके माँ-बाप को टीके पर धार्मिक आपत्ति थी। लमाना और जिप्सी कबीले के बच्चों में भी यह फैली है जिनके माँ-बाप ने टीका

लगानेवाले को रिश्वत देकर इससे छुटकारा पाया था। इन कबीलों की एक लड़की बीमारी में कुछ दिनों के लिए आँखों की कुछ रोशनी खो देती है।

अगस्त 14, सुबह आश्रम के आगे धूप सेंक रहे बड़े साँप का पीछा किया गया। मैं पंडा बाबा को बुलाता हूँ। शामराव और कई दूसरे लोग लाठियों और भालों से लैस होकर आते हैं। तब तक साँप बेतों के पर्दे (जो बारिश से हमारी दीवारों को बचाती है) के पारवाले में पहुँच जाता है और लम्बी तलाश के बाद हम उसे वहाँ से खदेड़ देते हैं। बेतों के पर्दे को खींचकर नीचे गिरा दिया जाता है जिसने शिकारियों को दो हिस्सों में बाँट रखा है। साँप हिम्मत से हमारा सामना करता है। वह मेरी ओर दौड़ता है। मैं उसे नहीं देखता हूँ। शामराव चिल्लाकर मुझे सावधान करता है। वह मुझसे एक फुट की दूरी पर है। मैं उसे पीछे हटा देता हूँ। वह पंडा बाबा की तरफ कूदता है जो हवा में अपनी लाठी घुमाते हैं और एक ही वार से साँप को मार गिराते हैं। उस लम्बे और ज़हरीले साँप की कमर टूट गई है।

अगस्त 16, पोचस से एक दर्जन नींबू और छह आम की पौध का पार्सल आता है। जिन्हें आश्रम और बोंदार के कोढ़ी घर में रोप दिया जाता है। हड्डियों की खाद बहुत उम्दा होती है। हड्डी के छोटे-छोटे टुकड़े यहाँ-वहाँ बिखरे पड़े होते हैं; लेकिन कोई गोंड उन्हें उठाकर लाने के लिए तैयार नहीं। मैं आश्रम में किसी 'अछूत' चमार या मोची के आने का इन्तजार कर रहा हूँ जो हड्डियों को इकट्ठा करके उन्हें पीस दे।

अगस्त 20, हरे लाखों ने फूलों और टमाटरों पर हमला बोल दिया। इनकी खुराक भी अच्छी है।

अगस्त 21, कोबरे ने हमारे पहले सिफलिस के मरीज एक बूढ़े को काट लिया है।

अगस्त 22, आज उस बूढ़े की मृत्यु हो गई।

अगस्त 24, महीने की सबसे सनसनीखेज़ घटना है पंडा बाबा का अपनी बातूनी बीबी को घर से निकाल देना। वह उसकी जगह एक जवान बीबी ले आए जो निश्चय ही ज्यादा भद्दी थी। वाचाल बच्चों का कहना है कि उसके कूल्हों का वजन बीस पाउंड से कम नहीं।

अगस्त 29, मेरा जन्मदिन मनाया जाता है हालाँकि मैं सोचता हूँ कि मैं ऐसी रस्म के लिए बूढ़ा हो चुका हूँ। इंग्लैंड का एक दोस्त जासूसी उपन्यासों का पार्सल भेजता है। मैं तय करता हूँ कि आज मैं कोई काम नहीं करूँगा, सिर्फ अगाथा क्रिस्टी को पढ़ूँगा। शाम को जन्मदिन की रस्म-अदायगी होती है। माला पहनकर

मुझे नारियल और मिष्ठान्न दिया जाता है। सभी कार्यकर्ताओं और पचास बच्चों का डिनर है। एक बूढ़ा सज्जन, जो जानवरों और चिड़ियों की आवाजों की नकल उतारकर रोजी कमाता है, जबरन अन्दर घुस आता है। उसे भी भोजन दिया जाता है। पंकास का दल एक कार्यक्रम पेश करता है। एक सुन्दर लड़के को लड़की की वेशभूषा में सामने लाया जाता है। दल के दूसरे ऐक्टर साधु, भिखारी, सिपाही और महाजन की नकल उतारते हैं। सब लोगों का खूब मनोरंजन होता है।

सितम्बर 7, मेरी जिन्दगी में 'अँधेरा और नमी है' जैसा कि कवि हरबर्ट खुद अपने बारे में कहता है। बगीचे के रंग-बिरंगे फूल भी इस अँधेरे को दूर नहीं कर सकते। छत से बारिश टपकती है सिर्फ मेरी चारपाई पर। कमरे के दूसरे हिस्सों पर नहीं।

अक्टूबर 15, कोढ़ रोगी गिसलू का देहान्त हो जाता है। आखिरी दम तक मौत से लड़ते हुए। उसकी मौत इतनी जल्दी न होती यदि उसके रिश्तेदारों ने उसे रुपए का सिक्का न निगलवाया होता। गिसलू का स्थान बूढ़े कापी का सबसे छोटा बेटा गेंदू ले लेता है।

अक्टूबर 17, सर्दी के मौसम में रोपने के लिए नए बीजों का बक्स आता है। इसमें मटर, पोस्त, सुगन्धित कुमुदिनी, सुरभिरूपा और गेंदे की जाति के बीज हैं। इनसे मेरा बगीचा और बड़ा हो जाता है।

अक्टूबर 18, बीज बोए जाते हैं। इस मौके पर पंडा बाबा एक काले मुर्ग़े की बलि देते हैं।

अक्टूबर 19, शामराव दो साल से मेरी झोंपड़ी में मेरे साथ रह रहा है। अब वह कहता कि अपने व्यक्तित्व के विकास के लिए उसे अलग झोंपड़ी चाहिए। डिस्पेंसरी के एक हिस्से को वह अपने घर में तबदील करना चाहता है। वह यह भी कहता है कि मेरे और उसके घर को जोड़नेवाला एक रास्ता भी बनाया जाएगा। वस्तुतः यह एक बहाना है। मेरे घर को ढहाया जाता है। उसे चार या पाँच रुपए की लागत से दुबारा बनाया जाता है। आश्रम धीरे-धीरे एक खरगोश के बाड़े में बदल रहा है।

अक्टूबर 20, हमारे कार्यकर्ताओं की जात में सब तरह के लोग हैं। ईसाई, हिन्दू, एक ब्राह्मण, एक मुसलमान और गोंड। कई बीबियोंवाले, एक बीबीवाले और अविवाहित। आस्तिक, नास्तिक और संशयवादी। शाकाहारी और मांसभक्षी।

हम अपनी एकजुटता का समारोह एक डिनर के माध्यम से मनाना चाहते हैं। सोहोरी दोनों प्रकार का खाना तैयार करता है—शाकाहारी और सामिष। सब अपनी चटाइयों पर बैठ जाते हैं और केले के पत्ते हमारे सामने रख दिए जाते हैं।

यहाँ एक झंझट पैदा हो जाता है। मुस्तफ़ा खाने से इन्कार कर देता है क्योंकि चूजे को अल्लाह का पवित्र नाम लेकर नहीं काटा गया। टिब्लू इसलिए नहीं खा सकता क्योंकि यह काला चूजा था। अगरिया लोग इस रंग का चूजा महान काली आत्मा को बलि देने में इस्तेमाल करते हैं। नानस इस कारण नहीं खा सकते क्योंकि राज गोंड दो टाँगोंवाला जानवर नहीं खाते हालाँकि चार टाँगोंवाले को खूब खाते हैं। ब्राह्मण शाकाहारी है। शामराव गांधीवादी बनने के लिए चूजा नहीं खाता। मेरा हाजमा खराब है। पंकास दस आदमियों लायक मांस लेता है। बाकी लोग शाकाहारी भोजन करते हैं।

अक्टूबर 23, इतालवी सिस्टर ने मुझे निम्नलिखित आशीर्वाद भेजा–

भगवान करे तुम स्वस्थ एवं प्रसन्न रहो,
मुक्त रहो शिद्दत की गर्मी से
मूसलाधार बारिश से
पिस्सू से
हैजा और मलेरिया से
अन्य दूसरी बीमारियों से
तंग करनेवाले अफसरों से
उबाऊ लोगों से
सन्देहों और दुख से–
तुम हमेशा रहो
शान्ति, आज़ादी और सेहत में।

अक्टूबर 27, गाँव में हमारा सम्मान बढ़ जाता है जब इंग्लैंड का दोस्त हमें नामी 'लन्दन वीकली' की प्रतियाँ भेजने लगता है। उसमें छपी तस्वीरों को वे हिन्दू देवता समझते हैं।

अक्टूबर 29, इस हफ़्ते की यूरोपियन डाक मुझे यह बताने की कोशिश करती है कि मैं आध्यात्मिक नहीं रहा। एक कहता है, 'हमने आपका सर्कुलर लैटर पढ़ा है। हम केवल आपकी आत्मा के लिए प्रार्थना कर सकते हैं।' एक दूसरा सुझाव देता है कि मैं भौतिक पहलू पर ज्यादा ध्यान न दूँ। तीसरा कहता है कि मैंने ईसाई प्रार्थनाओं और सभाओं पर अधिक मेहनत नहीं की है।

नवम्बर 5, पंडा बाबा की पहली बीबी झगड़ा करती है गुजारे के लिए, वह उसे कुछ नहीं देते। वह पुलिस स्टेशन पर शिकायत करने की धमकी देती है।

मटर, गेंदे की नस्ल का फूल, जिरैनियम और कारनेशन के फूल पहली बार करंजिया की जलवायु में खिलते हैं।

नवम्बर 6, अकेला बोंदार पहुँचता हूँ। सुन्दर युवक राजाराम का पैर गल रहा है। निर्णय लेता हूँ कि कोढ़ी घर को करंजिया ले जाऊँगा ताकि कोढ़ियों की समुचित देखभाल की जा सके। यह भी तय करता हूँ कि राजाराम को तुरन्त अस्पताल भेजना होगा।

नवम्बर 7, शामराव से अपने दोनों निर्णयों पर बात करता हूँ। वह सभी कोढ़ियों को अस्पताल ले जाने के लिए मान जाता है। राजाराम पंडा बाबा की पूर्व बीबी के पहले पति का बेटा है। कोढ़ियों का अस्पताल क़रीब सौ मील की दूरी पर है।

नवम्बर 8, चूहे मटरों और गेंदे की नस्ल के फूलों को खा जाते हैं।

नवम्बर 10, चूहों ने ग़दर मचा रखा है। माँ के भेजे हुए पनीर के टुकड़े इधर-उधर बिखरा देते हैं। पुराने कम्बल को कुतर देते हैं और सर टॉमस ब्राउन की पुस्तक 'हाइड्रोटैफिया' को भी हानि पहुँचाने से नहीं चूकते।

नवम्बर 12, महात्मा गांधी का लम्बा पत्र आया। उनका सुझाव है कि मैं रोज़ चर्खा काता करूँ। इस इलाके में कई सौ मील तक चर्खा नहीं देखा। इसलिए मैं उसके स्थान पर चावल कूटने के काम को तरज़ीह देता हूँ। गोंड औरतें यह काम बहुत सुघड़ता से करती हैं।

आश्रम में अनेक प्राणी रहते हैं—पन्द्रह बड़े, एक दर्जन बच्चे, चालीस मुर्गियाँ और दो मुर्ग़े। आनन्द नामक घोड़ा है, दर्ज़नों चूहे, और दो कुत्ते जिनके नाम क्रमशः बंटर साहब और चम्पी बाई हैं। एक और कुतिया भी इनमें शामिल हो जाती है। बंटर साहब और चम्पी बाई में जबर्दस्त झगड़ा होता है। कारण है कि किसको अधिक सुविधा मिले। छत्तीसगढ़ी बोली अभिव्यक्ति का बढ़िया माध्यम है। इसमें 'टंच' का मायना है कि आपका पेट भरा हुआ है। 'बनी बनी' का भी लगभग वही अर्थ है। आप पूछते हैं, 'इस सुबह तुम कैसे हो ?' 'मैं बनी-बनी हूँ और सुबह-सुबह दारू पीकर एकदम टंच हूँ', जवाब मिलता है।

नवम्बर 14, चावल और भूसी को अलग करने के काम को चावल कूटना कहते हैं। कुटे हुए चावल को हवा में उछाला जाता है। हवा भूसी को उड़ाकर ले जाती है और चावल ज़मीन पर आ गिरता है। यह काम डेढ़ घंटे में पूरा हो जाता है।

नवम्बर 15, कलकत्ता चिड़ियाघर में जाने के बाद इस इलाक़े के लोगों ने 'हिप्पापैटैमस' शब्द को अपना लिया है। इसको गाली के रूप में इस्तेमाल किया जाता है। इसी तरह कभी-कभी 'ईसाई' शब्द भी एक गाली से कम नहीं।

नवम्बर 16, कुछ फूलों की नस्लें फल-फूल रही हैं। बड़े सूरजमुखी भी

अचानक ठीक चलने लगे हैं। बीरबसपुर में ठाक्कुर आश्रम खोलने जाते हैं। पहाड़ी के उठान पर पंडा बाबा ने गारे की एक इमारत बनाई है जो नदी से घिरी हुई है। इसके नीचे पीली सरसों का खेत है। चारों तरफ जंगल और चरागाह हैं। यहाँ बच्चे प्रकृति के नज़दीक रहेंगे। गाँववाले हमारा स्वागत करने के बाद रात में नाचते हैं। वह बरामदा जहाँ मुझे कुछ देर के लिए सोना है बर्फ़ की तरह ठंडा है। एक जवान, सुन्दर और पढ़ी-लिखी सुग्गा नामक लड़की को देखता हूँ। उसे मैं राजगोंड नानस के लिए उपयुक्त दुल्हन समझता हूँ। वह और उसके साथ नाचनेवाले यह गीत गा रहे हैं :

ओ तुम बहरे लड़के तुम्हें मैं झकझोरना चाहती हूँ
बिल्ली तक कहती है म्याऊँ, म्याऊँ !
लोमड़ी भी चिल्लाती है, फेह, फेह !
लेकिन बहरे लड़के तुम एक शब्द भी नहीं बोलते,
इसलिए मैं तुम्हें झकझोरना चाहूँगी।

नवम्बर 17, वापस घर लौटता हूँ। मुझे बुखार हो जाता है। चम्पीबाई पाँच बच्चों को जन्म देती है शामराव की चारपाई के नीचे। अच्छा लगता है।

नवम्बर 18, चम्पी के बच्चे को मेरे हवाले करने के बाद शामराव कोढ़ियों के अस्पताल के लिए चल पड़ता है। उसके साथ हैं—छह कोढ़ी, पंडा बाबा की पूर्व बीबी और गिसलू की छोटीवाली बीबी। इसमें से कोई भी पहले कभी ट्रेन में नहीं बैठा था।

चम्पी के बच्चे अभी जिन्दा हैं। वे बंटर साहब की तरह नहीं जो आजकल जम्पिंग जोन नामक कुतिया से इश्क कर रहे हैं। चम्पी अपने बच्चों को चाटती रहती है।

नवम्बर 19, स्थानीय चूड़ैल मिसेज चिमडू जो लँगड़े गणेश की माँ है, जिसे शामराव ने चलना सिखाया है। ऐसी अफवाह है कि उसने जुलान के छोटे बेटे को जादू-टोने से मार दिया है। हाल में चिमडू एक खूबसूरत लड़की के साथ भाग जाता है जो अब बीमार हो गई है। लोग कहते हैं कि उसकी बीमारी के पीछे मिसेज चिमडू का जादू है। मैं यह घोषणा करता हूँ कि मिसेज चिमडू का दुश्मन मेरा दुश्मन है। फिर मैं यह सोचकर डर जाता हूँ कि मेरी बात का लोग गलत अर्थ तो नहीं लगाएँगे।

नवम्बर 20, पास की पहाड़ी पर कोढ़ी घर बनाने में व्यस्त हो जाता हूँ। यह आश्रम से थोड़ी दूरी पर है। पंडा बाबा इसमें आँगन बनाते हैं, बीचोबीच वृक्ष और झूले की व्यवस्था करते हैं और बगीचे में किस्म-किस्म के फूलों के पौधे रोपे जाते

हैं। इन सब कामों पर ज्यादा लागत नहीं आई है। मात्र दस पाउंड।

नवम्बर 24, एक हफ्ता कोढ़ियों के अस्पताल में रहने के बाद शामराव तीन कोढ़ियों के साथ लौट आता है। दूसरों को ऑपरेशन के लिए छोड़ दिया है। शहर में ये कोढ़ी पहली बार गए हैं। वे कहते हैं उन्होंने दूसरे भी साहब देखे हैं लेकिन कोई मेरे जैसा नहीं। शामराव कहता है कि उनका मतलब यह है कि कोई साहब मेरे जैसा सुन्दर नहीं।

नवम्बर 29, बाकी कोढ़ी लौट आते हैं। राजाराम और उसकी माँ के अलावा। ऑपरेशन की तारीख से पहले दिन वह उन सबसे भाग जाने को कहता है। वे अँधेरे में पाँच मील का सफर करते हैं। ट्रेन में उन्हें चढ़ाने के लिए कोई तैयार नहीं। वे गार्ड के पैरों पर गिरकर उसे मना लेते हैं। राजाराम किसी दूर के गाँव में रहकर मौत का इन्तजार कर रहा है। गले अंग काटकर वे ठीक हो सकते थे और उनकी जगह लकड़ी के अंग लगाए जा सकते थे।

दिसम्बर 1, चम्पी के चार बच्चे शामराव को दे देता हूँ और सबसे मोटे बबलू को अपने साथ रख लेता हूँ। टमाटर की विटामिनों से भरपूर जबर्दस्त फसल हुई है।

दिसम्बर 2, सब स्कूल खोलने के लिए सेनगुडा जाते हैं। बन्दूक छोड़कर हमारा स्वागत किया जाता है। स्कूल एक छोटी पहाड़ी की चोटी पर है। लगता है कि अभी नीचे गिर जाएगा। इसको बनाने में चालीस रुपए की लागत आती है। रात में नाच। ठंडे बरामदे में पुराल के ढेर पर मेरा सोना। ब्राह्मण इस स्कूल को देखेगा।

दिसम्बर 3, बुखार हो जाता है। पोस्त और चम्पी के बच्चे बढ़िया हैं।

दिसम्बर 4, ऊपर के खानेवाले दाँत के पीछे जख्म हो जाता है। पढ़ने, लिखने, बात करने और खाने में असमर्थ हूँ। सौभाग्य से डिस्पेंसरी से लगा हुआ मेरा घर है। दवाई का चार्ट इस प्रकार है :

12.30 बजे दोपहर मॉर्फिया की अधिकतम खुराक लें। कोई असर नहीं।

2.15 बजे दोपहर क्लोरल की अधिकतम खुराक लें। कोई असर नहीं।

4.30 बजे दोपहर एलोडोनल की अधिकमत खुराक लें। कोई असर नहीं।

6.00 बजे दोपहर यह सोचें कि पीड़ा आदमी के लिए अच्छी है।

6.15 बजे दोपहर इस सान्त्वना देनेवाले विचार की अधिकतम खुराक लें। कोई असर नहीं।

7.30 बजे दोपहर एस्प्रिन की दो साधारण गोली लें। तुरन्त आराम मिलता है और नींद आ जाती है।

दिसम्बर 9, चम्पी दर्द से पागल है। उसे मॉर्फिया की चार बड़ी खुराकें दी जाती हैं।

दिसम्बर 10, मेरी दाढ़ी बढ़ गई है। मैं फोटू खिंचवाता हूँ जिसको ईस्टर कार्ड पर पूर्ण आनन्द के उदाहरण के रूप में इस्तेमाल किया जाएगा।

दिसम्बर 11, चेहरे से थोड़ी सूजन कम हुई है जो जख़्म के कारण हो गई थी। लेकिन अभी तक बात करने, मुस्कराने और अभिवादन का जवाब देने लायक नहीं हुआ हूँ।

दिसम्बर 12, चाय के समय सोहोरी यह बताने के लिए भागता हुआ आता है कि वर्धा आश्रम से कोई महत्त्वपूर्ण आदमी आया है। चूँकि मेरी तबीयत ठीक नहीं है, शामराव आगन्तुक से बातचीत करता है। वह बताता है कि उसका नाम बालीनाथ है और वह अभी जेल से बाहर आया है। उसके आने का मकसद यहाँ काम करना है। वह जेल निरीक्षक का प्रमाण-पत्र देता है जिसमें लिखा है कि बालीनाथ को सेक्शन 302 भारतीय दंड संहिता के तहत सज़ा मिली थी और वह स्कूल में काम करने के लिए उपयुक्त है। हम अपनी प्रति देखते हैं भारतीय दंड संहिता की जिसमें सेक्शन 302 हत्या पर लागू होती है, तथापि हम बालीनाथ को कार्यकर्ता के रूप में स्वीकार कर लेते हैं।

बालीनाथ का नाम सुनते ही आश्रम में रहनेवाले उत्तेजित हो जाते हैं। बारह साल पहले वह नज़दीक के स्कूल में मास्टर था और उसने एक अमीर तेली के बेटे की हत्या कर उसके गहने उतार लिए थे। फिर उसने बच्चे को बाघ की गुफा में फेंक दिया था। किन्तु सबूत के अभाव में वह फाँसी से बच गया। केवल आजीवन क़ैद की सज़ा मिली। मुस्तफ़ा खान ने कहा कि बालीनाथ का नाम सुनकर कोई आदमी अपने बच्चे को हमारे स्कूल में नहीं भेजेगा। अतः उसे किराया देकर वापिस वर्धा भेज दिया जाए। यही हमने किया।

दिसम्बर 12, रात को एक तेंदुए ने चूजों के बाड़े में घुसकर हमारे 30 चूजे मार दिए। अगला पूरा सप्ताह तेंदुए के उत्पातों में बीत जाता है जिसके दौरान वह और चूजे खा जाता है। यही नहीं वह जम्पिंग जोन नामक कुतिया को भी चट कर जाता है। हम तेंदुए को पकड़ने की कोशिश करते हैं लेकिन पकड़ नहीं पाए।

दिसम्बर 20, पन्द्रह मील की दूरी पर बसे बालकुआर गाँव से नाचनेवालों की टोली आती है। सुबह-सुबह वे हमारे गाँववालों को सैला नाच की चुनौती देते हैं। गाँव में सारा काम रोक दिया जाता है। लड़के-लड़कियाँ सज-धजकर नाच के लिए तैयार हो जाते हैं जबकि बूढ़े दारू खरीदने के लिए चले जाते हैं। सारे दिन सैला

नाच चलता है। देखनेवालों में पतिराम की छह भूतपूर्व बीबियाँ भी हैं। कोपी भी अपने भूत, विद्यमान और भविष्य के पतियों की ओर देख रही है।

दिसम्बर 22, क्रिसमस के उपहार आने शुरू हो जाते हैं। माँ ने एक बड़ी केक और क्रिसमस पुडिंग भेजी है, सुन्दर के परिवार ने केक और भारतीय मिठाइयाँ, एक और केक मुम्बई के दोस्तों ने भेजी है। माँ ने एक बड़ा बक्स भी भेजा है मेरे साथियों के लिए। इसमें चाकू, टॉर्च, गुब्बारे, नेकलेस और माउथ ओरगन हैं।

दिसम्बर 24, जंगल से पन्द्रह फुट ऊँचा पेड़ लाते हैं जिसको आँगन के बीच में खड़ा कर दिया गया है। इसकी जड़ में लकड़ी की चारपाई रख दी गई है जिसमें चमकते सितारे लगे हैं। पेड़ पर सन्तरे, सेब, गुब्बारे और उपहार टाँग दिए गए हैं। आँगन में दो सौ मिट्टी के दीए जला देते हैं। बहुत ठंड है। छब्बीस लोगों को उपहार बाँटे जाते हैं। सब सन्तुष्ट हैं।

दिसम्बर 25, पूर्ण शान्ति है। कुछ पियक्कड़ भीख माँगने के लिए आते हैं। जिन्हें भगा दिया जाता है।

दिसम्बर 27, बहुत ज़हरीला साँप मेरी दीवार के छेद में रहता है। वह छिपकली खाने के लिए बाहर निकलता है। दीवार ढहा दी जाती है और साँप को खतम कर दिया जाता है। पिछले साल सेन्ट्रल प्रोविन्सेज में सर्पदंश से 1,349 लोग मरे थे।

आद्री का कानूनी पति जिसके साथ जवानी में उसकी शादी हुई थी उसे जबरन ले जाना चाहता है। वह एक धूर्त पंका है और चूँकि उसने दूसरी बीबी रख ली है, आद्री आश्रम को छोड़कर उसके साथ नहीं जाना चाहती।

दिसम्बर 29, आद्री का पति उसके खाने में 'तिला दिलरुबा' मिलाना चाहता है। ऐसा विश्वास किया जाता है कि उसके सेवन के बाद औरत उसकी गुलाम हो जाएगी। समय रहते आद्री इस बात को ताड़ लेती है और 'तिला दिलरुबा' के सेवन से बच जाती है।

दिसम्बर 31, हमारी छोटी मुसलमान छात्रा सार्रा अपनी माँ से कहते हुए सुनी गई है : मैं अपने स्कूल में जाने को आतुर हूँ। इन छुट्टियों से मैं घबराती हूँ।

1935

जनवरी 1, धोबी को भारतीय दंड संहिता की धारा 457 के तहत बन्द कर दिया गया है। उस पर आरोप है कि उसने गैरकानूनी रूप से सीमा का अतिक्रमण किया है। अनाधिकार किसी के घर में प्रवेश किया है। पुलिस स्टेशन जाते हैं। वह सींखचों के पीछे से बताता है कि उसे जान-बूझकर फँसाया गया है, क्योंकि उसने सब-इंस्पेक्टर की वर्दी पर मुफ्त इस्त्री करने से मना कर दिया था। इस धारा के अन्तर्गत जमानत नहीं दी जा सकती। घर लौटता हूँ, मुझे बुखार हो जाता है।

जनवरी 12, नानस अस्थायी रूप से बीरबसपुर का इंचार्ज है क्योंकि मुस्तफा खान शीतला से पीड़ित अपनी बीबी की देखभाल करता है। नानस एक घंटे तक सुग्गा के घर रहा था। उसकी माँ के पास बैठा बिना शब्द बोले।

शामराव और मैं नए केन्द्र खोलने के लिए माकूल जगहों की तलाश में निकलते हैं। चार मील दूर करोंडी गाँव में आते हैं। जबर्दस्त बारिश हो रही है। झील के किनारे ज़िले की सबसे ऊँची पहाड़ी के नीचे जगह का चुनाव करते हैं, पाटन के लिए चल पड़ते हैं जो दस मील दूर है। पहाड़ी की चोटी, जहाँ से चारों तरफ का दृश्य देखा जा सकता है, हमें पसन्द आती है, लोग जोर-शोर से हमारा स्वागत करते हैं। गिसलू कोढ़ी की बूढ़ी माँ हमारे पाँव धोती है तथा रोती है। उसका बूढ़ा बाप हमारे सामने दंडवत् हो जाता है और हमें परमेश्वर कहता है।

जनवरी 15, सबूत के अभाव में धोबी को छोड़ दिया जाता है। वह कहता है कि अंग्रेजी सरकार तो ठीक है किन्तु उसके अफसर अन्यायी हैं। वह फिर कहता है कि पंचर्म जार्ज करंजिया में आकर देखें कि यहाँ क्या हो रहा है।

जनवरी 22, शामराव का बत्तीसवाँ जन्मदिन है। इंग्लैंड के दोस्तों ने क्रिसमस के लिए जो उपहारों का पार्सल भेजा था वह अब जाकर मिला। उसमें सेफ्टी-रेज़र, फाउन्टेन पेन्स, साबुन, तौलिए, ब्रश, कंघे और पेंसिल बॉक्स हैं जिनको शामराव के जन्मदिन पर बाँटा जा सकता है।

फरवरी 1, एक साधु आता है जिसने अमरकंटक में किसी की हत्या कर दी थी। उसके पास दस हजार रुपए थे जो किसी ने चुरा लिए।

फरवरी 3, एक अंग्रेज दोस्त मेरे पास यह कहावत भेजता है : 'एक उर्वर बगीचे को बनाने की उत्तेजना आदमी को आध्यात्मिक चीजों के लायक नहीं छोड़ती।' गोंड लोग जो मेरे बगीचे में काम करते हैं, उनका कहना है कि फूलों को देखकर उन्हें बहुत शान्ति मिलती है।

फरवरी 5, एक छोटा लड़का आता है अछूत समझे जानेवाली बैसोर जाति का है। यह जाति बाँस की चीज़ें बनाती है। यह समझा जाता है कि बैसोर लोग उस धार्मिक राजा के वंशज हैं जिसने लोगों पर कर नहीं लगाया था और जो खुद पंखे बनाकर अपनी रोज़ी कमाता था। लगता है वह इतना धार्मिक नहीं था। पंखों में जादू भरा होता था जिनको तोड़कर वह अपने दुश्मन को तोड़ देता था।

फरवरी 6, घास के मैदान जितनी ठंड है। पंजाब से हिन्दी पोस्टरों का एक बंडल आता है। इनके विषय हैं—कमाई के साधन, मलेरिया, टीका, आँखों की देखभाल, खाद के गड्ढे आदि। इनको जगह-जगह पर लगा दिया जाता है लेकिन कोई नहीं पढ़ता। नए कपड़ों में बच्चे साफ और आकर्षक लगते हैं। वे रामलाल नामक बच्चे को पसन्द नहीं करते जो पैंट निकालकर उसे मफलर की तरह इस्तेमाल करता है।

फरवरी 7, बसोर लड़के को मिर्गी के दौरे पड़ते हैं। वह आश्रम को अपना घर समझकर रहता है। वह कहता है कि मगरमच्छ और बन्दर को छोड़कर वह सब कुछ खा सकता है। हम उसे आश्वस्त करते हैं कि आश्रम के खाने में दोनों जानवरों का इस्तेमाल नहीं होता।

फरवरी 8, मटरों की बहार है लेकिन उनकी जगह चुनने में कुछ भूल हो गई है।

फरवरी 9, मंडला ज़िले में अस्पृश्यता नहीं है। यहाँ अधिकतर मेहरा और पंकास, जो दूसरी जगहों पर अछूत समझे जाते हैं, यहाँ रहते हैं। बैसोर लड़के के साथ बच्चे खाना नहीं खाना चाहते। बच्चे उसके अछूत होने के कारण नहीं उसकी बीमारी के कारण अलग रहते हैं।

फरवरी 10, एक अजीब खाना यानी संग्रहालय शुरू करते हैं जिसमें हल, बैलगाड़ी, भेड़, बकरी आदि रखे जाते हैं। सबसे पसन्दीदा चीज होर्नबी ट्रेन है। फूसभरा नेवला है जिसको जगह-जगह से चूहों ने कुतर दिया है। कश्मीर की हाउसबोट का एक मॉडल। दीवारों पर बच्चों द्वारा बनाए गए चित्र हैं।

फरवरी 11, रामलाल के बदन पर पिस्सू हैं। उसके सारे कपड़े उतार दिए जाते हैं और बदन पर मलहम लगा दी जाती है। शामराव उसके कपड़ों पर कीटाणुनाशक दवा छिड़कता है।

फरवरी 12, टीका लगानेवाला आता है। बच्चे डरते हैं। मिसेज पंडा बाबा को भी टीका दिया जाता है जो घर जाकर दवा को गाय के गोबर से पोंछ देती है।

फरवरी 13, ढलती उम्र की बैगा विधवा आश्रम के कोढ़ी घर में रहने आती है। उसकी शर्त है कि साहब उससे शादी करने की कोशिश नहीं करेंगे।

फरवरी 14, तूता को पिछले एक बरस से मिर्गी का दौरा नहीं पड़ा है। उसने कुछ काम अपने जिम्मे ले लिए हैं जैसे अस्तबल साफ करना, घोड़े को चारा देना और डाक लाना। वह अकेला रहते-रहते थक गया है और हमसे विनती करता है कि हम उसके लिए बीबी की तलाश करें।

फरवरी 15, करोंडी में झील के किनारे स्कूल बनाना शुरू करते हैं। कोढ़ी घर में एक बूढ़ा बैगा आता है। वह अपनी नाक और होंठ खो चुका है।

फरवरी 16, सफाई अभियान शुरू करते हैं जिसमें खाद के गड्ढे खोदना और शौचालय बनाना शामिल है।

फरवरी 17, सब लोगों को एक बाल्टी गोबर इकट्ठा करने पर लगा देता हूँ।

फरवरी 18, नर्मदा आश्रम जाता हूँ। शौचालय अच्छा है। खाद का गड्ढा खाली है। लोग कहते हैं कि गाय का गोबर ढूँढ़ने से भी नहीं मिलता। चार छोटी लड़कियाँ बारह बाल्टी गाय का गोबर भर लाती हैं।

फरवरी 19, माँ-बाप धमकी देते हैं कि वे अपने बच्चों को स्कूल से हटा लेंगे अगर उन्हें सफाई अभियान में लगाया गया। वे स्कूल में पढ़ने जाते हैं, कोई और काम करने नहीं।

फरवरी 20, कृषि विशेषज्ञ आता है। उसकी लॉरी में सिनेमा भी है। वह पहले खेती और जानवरों की नस्ल के बारे में बात बताता है। रात में पुलिस स्टेशन के सामने सिनेमा दिखाया जाता है। ज्यादा लोग नहीं आते क्योंकि शीर्षक अंग्रेजी में है। केवल सब-इन्स्पेक्टर यह भाषा जानता है किन्तु वह भी बीच में उठकर चला जाता है।

फरवरी 21, रात में सिनेमा से प्रेरित होकर एक मजबूत साँड़ का ऑर्डर देते हैं ताकि बढ़िया नस्ल पैदा की जा सके।

फरवरी 22, पेंड्रा से तीन कारीगर लेकर टिकरटोला पर दुबारा काम शुरू करता हूँ। बहुत हिम्मतवाले लोग हैं। खुले जंगल में कुएँ के पास सो जाते हैं। वे तेंदुए से नहीं डरते।

फरवरी 23, कोढ़ी घर में तरह-तरह के फूल खिले हैं, खासतौर से गेंदे की नस्लवाले और गुलदाउदी। छोटे गेंदे को कोढ़ हो गया है। बड़ी दुखद बात है।

फरवरी 24, बरनाई स्कूल के कार्यकर्ता राम राज की कुछ निजी चीज़ें चोरी हो गई हैं। मेरे मना करने के बाद भी वह पुलिस में रपट लिखा देता है। दो गाँववालों को गिरफ्तार कर लिया जाता है। राम राज के भत्ते में से कुछ काटकर आरोपियों के घरवालों को देता हूँ। वास्तव में जिनके पास अधिक है वे अपराधी हैं, भूखों मरते गाँववाले नहीं।

फरवरी 25, सोडा नाइट्रेट का बड़ा बोरा आता है, रेल में दो माह घूमने के बाद। वह कई जगह से फटा है। लानेवाला कहता है कि यह इतना भारी था कि इसका आधा पेंड्रा में छोड़ना पड़ा और चौथाई अमरकंटक के एक साधु के घर में। आशा करता हूँ साधु इसे खाएगा नहीं।

फरवरी 26, पुलिस के साथ झगड़ा। राम राज ने पुलिस को मेरा वह पत्र दिया है जिसमें मैंने चोरी के बारे में रपट लिखवाने से मना किया है। पुलिस कहती है कि मैं उसके काम में रुकावट डाल रहा हूँ।

फरवरी 27, लाभ सम्बन्धी अभियान शुरू करता हूँ। कुछ लोग ही बचत खाता बैंक में खोलते हैं। मैं उन्हें जेवर खरीदने और शादियों पर रुपया बर्बाद करने को मना करता हूँ। कोई मेरा सुझाव मानने को तैयार नहीं।

मार्च 1, गाँव में शादियों का मौसम है। हम चार शादियों में जाते हैं। मैं एक दुल्हन से बात करता हूँ जिसका दुल्हा काना है। वह बताती है, 'बदशक्ल पतियों को और लड़कियों का प्रलोभन नहीं रहता।' सभी शादियों में बकरी की बलि दी जाती है। सब जमकर दारू पीते हैं और अपने प्रिय पेय 'पेज' का सेवन करते हैं जो मछली से बनता है।

मार्च 2, बगीचे में विभिन्न फूलों का जायजा लेता हूँ। मिस्टर कोलिन्स (जो जेन ऑस्टिन के उपन्यास 'प्राइड एंड प्रेजूडिस' में एक चरित्र है) की तरह मेरे बारे में भी यह लिखा जा सकता है कि 'अपने बग़ीचे में काम करना उसकी सबसे सम्मानजनक खुशी थी।'

मार्च 3, बगीचे के सब स्थानों पर सोडा नाइट्रेट लगाता हूँ। सफेद गुलाबों की एक सुन्दर झाड़ी अचानक दिखाई देती है जो यह रूप पाने के लिए महीनों से तैयार कर रही होगी। आश्रम में पचास या साठ तीर्थयात्री हैं जिन्हें अमरकंटक जाना है।

मार्च 4, पुलिस का सब-इंस्पेक्टर मुझे बताता है कि उसने सरकार से शिकायत की है कि मैं ज़िले के सारे पापियों और अपराधियों का दोस्त हूँ।

मार्च 5, बैसोर लड़के को अमरकंटक के बड़े धार्मिक अवसर पर जाने के लिए चार पैसे देता हूँ। उसके लौटने पर मैं पूछता हूँ कि उसने वे पैसे किस प्रकार खर्च

किए। वह बताता है कि एक पैसा उसने देवता गणपति पर चढ़ाया, दो पैसे एक नंगे साधु ने ले लिए और एक पैसे की उसने मिठाई खाई।

मार्च 7, शिक्षा विभाग का अफसर आता है। उसने हमारे स्कूलों की तारीफ़ में कहा, 'डिस्ट्रिक्ट काउंसिल के बच्चे डरपोक हैं जबकि आपके बच्चे किसी से नहीं डरते।' कोढ़ियों के बगीचे में जापानी गुलदाउदी पर बहार आई हुई है।

मार्च 10, कासनी और सूर्यकमल के चेहरे नज़र आते हैं। सोने के लिए जाता हूँ। मुझे हल्की पेचिश है। लेकिन मैं आराम नहीं कर सकता। शामराव के कहने के बावजूद। बालू कुत्ता बगीचे में लोटता है और फूलों पर नाचता है।

मार्च 13, सिविल सर्जन और उसके साथ एक हँसमुख सैनिक का अचानक आगमन। चारपाई पर लेटा हुआ ही उनसे मिलता हूँ। तीन दिन से बढ़ी दाढ़ी और कमरे में बिखरी चीजें जिन्हें मैं 'टाइम्स लिटरेरी सप्लीमेंट' के पन्नों से जल्दी में ढक देता हूँ और जिन्हें बातों के दौरान हवा उड़ा ले जाती है। ऐसा क्यों है कि नौ महीने में अंग्रेज अफसर उसी दिन आता है जिस साल में आश्रम में सामान्य सफाई नहीं है ?

मार्च 14, चारपाई से उठ जाता हूँ और बगीचे में झुके हुए फूलों को बाँस की डंडी के सहारे खड़ा करता हूँ। शामराव सावधान करता है कि मुझे दुबारा पेचिश हो जाएगी। वह कहता है कि कोई पागल ही बीमारी में आराम नहीं करना चाहता।

मार्च 20, फाग का त्यौहार है। इस मौके पर गोंड लोग मस्त हो जाते हैं और औरतें उनसे उपहार माँगती हैं। मैं सारे दिन कमरे में रहता हूँ ताकि औरतों से बच सकूँ। अँधेरा होते ही कोढ़ी-घर चला जाता हूँ जहाँ मुझे पता चलता है कि शराब की कुछ बोतलें किसी ने चोरी कर ली हैं। दो बूढ़ी कोढ़ी औरतें जिनके हाथों की अँगुलियाँ गल चुकी हैं मेरी ओर आती हैं जबकि सिंगारू लाल रंग के पानी से मुझे भिगो देता है। कुछ बूँदें मेरी बाईं आँख में चली जाती हैं और मैं सिंगारू को गाली निकालने लगता हूँ। घर आकर कीटाणुनाशक लायसोल मिले पानी से नहाता हूँ। नहाते हुए मुझे शामराव की तेज़ आवाज़ें सुनाई पड़ती हैं। मैं अनुमान करता हूँ कि उसके साथ कोई नई बात हो रही है।

मार्च 21, मुम्बई से पुराने खिलौनों का बक्स आता है। तीन गुड़ियाँ और एक खिलौना गाड़ी कोढ़ी घर में ले जाता हूँ। गोंड बच्चों में खिलौने इकट्ठा करने का शौक नहीं जबकि तर्क करनेवाले हिन्दू बच्चे उनके लिए बहुत रोते हैं।

मार्च 22, कोढ़ी घर की छत से तीन गुड़िएँ लटकी हुई हैं जो हरदुल बाबा, ठाकुर देव और धरती माँ का प्रतिनिधित्व करती हैं।

मार्च 30, हिन्दू रेंज अफसर आता है। एक हिरन का बच्चा वह हमें उपहार स्वरूप देता है जिसकी बालू कुत्ते से दोस्ती हो जाती है। रेंजर हमारी लायब्रेरी देखता है। वह उपन्यास नहीं पढ़ना चाहता, इंग्लिश सामाजिक रिवाज़ों पर डोरोथी सेअर्स की कोई पुस्तक चाहता है।

अप्रैल 2, जनसंख्या रिपोर्ट कहती है, 'सेन्ट्रल प्रोविन्सेज में शिक्षा से उपजे आनन्द को लेनेवालों की संख्या बहुत कम है।' वास्तव में शिक्षा को आनन्ददायक बनानेवालों की कमी है। डोकल, हमारे स्कूल का बहुत छोटा बच्चा, शाम को घर जाकर गाँव की एक गोंड औरत को पढ़ाता है।

अप्रैल 4, नया विद्यामन्दिर बनाना शुरू करते हैं। पंडा बाबा गर्व से बताते हैं कि किसी माँ के स्तन से दूध सीधे आँख में डालकर वह मोतियाबन्द का इलाज करने की कोशिश करते रहे हैं।

अप्रैल 12, गुलाबी और पीले फूल खूब खिले हैं। गर्मी बढ़ रही है। कुआँ बहुत गहरा हो गया है लेकिन उसमें पानी नहीं है। गेंदू खिलौना ट्रेन को तोड़ देता है, विद्यामन्दिर लगभग तैयार है।

मई 1, विद्यामन्दिर खोलने के साथ ही हम आश्रम की सिल्वर जुबली मनाते हैं। शाम को एक सार्वजनिक सभा की जाती है जिसमें मैं पिछले पच्चीस बरसों का ब्यौरा देने की कोशिश करता हूँ। लेकिन मेरे भाषण में दो लोग बाधा पहुँचाते हैं। एक ब्राह्मण अफसर कहता है कि ब्रिटिश साम्राज्य पर कभी सूरज अस्त नहीं होता। दूसरे, पुलिस सब-इन्स्पेक्टर जो शिक्षा और खाद के बारे में भाषण देता है। उसका भाषण अच्छा है किन्तु वह भाषण मेरा नहीं है। मैं उससे बदला लेता हूँ। ग्रामोफोन पर 'द लाफिंग पुलिसमैन एंड ए सॉसी कुक' नामक रिकार्ड बजाकर। अँधेरा होते ही बड़ी संख्या में गोंड और बैगा आने लगते हैं। आश्रम में लगभग हज़ार आदिवासी हैं। शामराव कई नाटक पेश करता है। अन्त में नाच शुरू होता है। छियालीस किस्म के नाच, अस्सी ढोल। ढोल तमाम भावनाओं को अभिव्यक्त करने में सक्षम है। एक मनोवैज्ञानिक के शब्दों में, 'अन्ततः संगीत का आकर्षण मांसपेशियों से सम्बन्ध रखता है। लयबद्ध नाच से हमारी मांसपेशियाँ मजबूत होती हैं।' यह बिल्कुल सही है।

मई 2, पिछले दिन की थकान से टूटा हुआ, मैं पूरे दिन सोता हूँ।

मई 3, बैतालपुर के कोढ़ीघर से भागे हुए ग्यारह कोढ़ी आते हैं। वे करंजिया के कोढ़ी घर में प्रवेश चाहते हैं। हालाँकि वे मुझे पापा कहते हैं, मैं उन्हें वापिस भेज देता हूँ क्योंकि हमारे पास कोई जगह नहीं बची है। शिद्दत की गर्मी में बगीचे के फूल मुरझाने लगे हैं।

मई 5, कपिलधारा के पवित्र जल में नहाने जाते हैं क्योंकि करंजिया के छोटे-छोटे घरों की गर्मी असहनीय है। गणपति देवता की मूरत के पीछे कैम्प लगाते हैं। तीर्थयात्री मुझे गणपति समझकर मेरी पूजा करने लगते हैं।

मई 6, सुनता हूँ कि जहाँ हमने कैम्प लगाया है वहाँ कुछ दिन पहले एक साधू को बाघ ने खा लिया था।

मई 9, अपने कैम्प को कबीर चबूतरा ले जाता हूँ। यह स्थान अधिक ठंडा एवं सुन्दर है। लेकिन पास में ही एक गाय मर रही है और गिद्ध उसके मरने की प्रतीक्षा में ऊपर मँडरा रहे हैं। लेखिका इहा लिखती है, 'गिद्धों में सौन्दर्य-बोध नहीं होता। उन्हें तो सिर्फ अपने काम से काम है।'

मई 15, एक सजा-धजा साधू आता है, आधा नग्न। सोहोरी और उसकी पत्नी पूछते हैं कि उनको कब बच्चा होगा। साधू उनसे दो बोतल दारू लेकर कहता है कि कुछ दिनों में एक देवी काले कोबरा के रूप में आश्रम में आएगी और वह सोहोरी की इच्छा पूरी करेगी।

मई 25, समाचार आता है कि सुग्गा की जबरन शादी कर दी गई है। एक बदशक्ल जवान से जो उसके घर में 'लामसेना' के रूप में काम करता रहा है। उसने बिना दुल्हन का रुपया दिए शादी कर ली है। नानस बहुत परेशान है और कहता है कि शादी कोई खास बात नहीं। वह सुग्गा को भगाकर ले जा सकता है और औपचारिक शादी के खर्चे से बच सकता है।

जून 10, विद्यामन्दिर में पचास बच्चे रहते हैं। उन सबको खुजली हो गई है। रात को उनके खुजाने की आवाज़ इतनी तेज हो जाती है जैसे टिड्डी का दल किसी खेत पर हमला करता है।

जून 12, शामराव सब पुराने बिस्तरों को बदल देता है। बच्चों को नए कपड़े और कम्बल देता है। सब बच्चों को नंगा करके उनके बदन पर गन्धक का लेप करता है। अब खुजलाने का शोर कम हो जाता है।

जून 26, सोहोरी के घर में एक काला कोबरा दिखाई देता है। सोहोरी कहता है कि वह देवी का रूप है और उसे सन्तान देगा। कुछ लोग कहते हैं कि उसके सामने दूध रखा जाए और प्रार्थना की जाए। कुछ दूसरे लोग कहते हैं कि पड़ोस में मिर्चें जलाई जाएँ और कोबरा को मोरपंख दिखाए जाएँ ताकि वह दूर चला जाए। सोहोरी और उसकी पत्नी कुछ दिनों तक घर के बाहर सोते हैं। किसी दुर्घटना से बचने के लिए।

जून 29, रामलाल की माँ के सनसनीखेज रूप से भाग जाने के बाद रामलाल और उसकी तीन वर्षीय बहन दोनगृहिन आश्रम में हमारे साथ रहने लगते हैं।

दोनगृहिन पूरे दिन खाती रहती है, कभी मारुति और सोहोरी के घरों में और नियत समय पर आश्रम का भोजन खाने आ जाती है।

जुलाई 10, रात में डाकुओं का दल आकर हमारा सेफ उठा ले जाता है। जंगल में जाकर वे इसे तोड़ना चाहते हैं लेकिन तोड़ नहीं पाते। सुबह होते ही वे इसको झाड़ी के नीचे छुपा देते हैं।

जुलाई 11, दोपहर तक हम सेफ को ढूँढ़ लेते हैं। उसके अन्दर पैसा है किन्तु उसे इतनी क्षति पहुँची है कि हम भी उसे नहीं खोल सकते।

जुलाई 13, तेंदुआ कमरे में घुसकर बालू कुत्ते को उठा ले जाता है किन्तु बच्चों को कोई हानि नहीं पहुँचाता।

जुलाई 15, सेफ तोड़ने का कारीगर आकर उसको काट देता है। अब हम लोगों को रुपया दे सकते हैं।

जुलाई 20, मूसलाधार बारिश के कारण फूलों के पौधे बह गए हैं।

जुलाई 30, ब्रांच आश्रम से लौटकर देखते हैं कि तूता हमारी बेताबी से इन्तजार कर रहा है। जब हम पहुँचते हैं तो वह शामराव के पैरों पर गिरकर कहता है, 'ब्रदर, मुझे लड़की मिल गई है। कृपया मेरी शादी करा दें।' मामूली शक्लवाली वह लड़की अपने एक बदशक्ल छोटे लड़के के साथ आश्रम में आकर रहने लगी है। वह इस शर्त पर तूता से शादी करने के लिए तैयार है कि आजीवन उसे और उसके लड़के को पालने की जिम्मेदारी आश्रम लेगा।

जुलाई 31, तूता जो ईसाई के साथ खाना खाने के कारण जात से बाहर कर दिया गया है और फगनी पंकिन जो दो साल पहले एक मुसलमान के साथ इश्क करने के जुर्म में बिरादरी से निकाल दी गई थी, इन दोनों की शादी करवा दी जाती है।

अगस्त 4, दोनों की घरेलू खुशी स्थानीय औरतों के अपमानजनक शब्दों से भंग होती है। एक कहती है, 'हिजड़े की बीबी से हमें सावधान रहना चाहिए। कहीं यह चुड़ैल न हो।'

अगस्त 5, प्यार ने तूता को बिल्कुल बदल दिया है। अब वह पूरे दिन अपने विकलांग हाथों से काम करता है।

अगस्त 6, फगनी का कहीं पता नहीं है। वह अपनी जात के अपने से बड़े आदमी के साथ भाग जाती है। तूता उसे जगह-जगह ढूँढ़ता है किन्तु उसकी आवाज़ें पहाड़ियों से टकराकर वापिस लौट आती हैं। थककर तूता आश्रम में आ जाता है। जमकर खाना खाता है। एक बोतल दारू पीता है और चारपाई पर सो जाता है।

अगस्त 10, इस समाचार से कुछ सन्तोष मिलता है कि फगनी ने अपने नए आदमी को भी छोड़ दिया है। वह उसका पुराना प्रेमी था।

अगस्त 16, बूढ़ी कोपी, तेईस साल के कोढ़ में भी खुश रहनेवाली कोपी, पेचिश से मर जाती है। वह सभी आश्रम में रहनेवालों की दीदी थी।

अगस्त 25, 'गिरि माता' यह उत्सव बच्चे बैसाखियों पर चढ़कर मनाते हैं ताकि फसल उनके जितनी ऊँची हो सके।

सितम्बर 3, हमारे इस निर्णय से कि दवा के लिए नाममात्र की कीमत रोगियों से ली जाए, सभी नाराज़ हैं। पंडा बाबा स्थिति को सँभाल लेते हैं। वह कहते हैं कि यह निर्णय इसलिए लिया गया है कि दवा के सेवन से पहले उसके प्रति सम्मान दिखाया जाए।

सितम्बर 8, मैं मुम्बई में बीमार हूँ। विलफ्रिड डेविड के साथ रहता हूँ जो आजकल एक बढ़िया उपन्यास लिख रहा है। उम्मीद है कि यहाँ से कुछ रुपया इकट्ठा कर सकूँगा।

सितम्बर 20, पारसी दोस्त के साथ ड्रग मार्केट जाता हूँ किन्तु कोई दान के रूप में सोडा बाइकार्ब नहीं देता। दोस्त हिम्मत नहीं हारता और अन्ततः इस दवा के दो बड़े पैकिट हासिल करने में कामयाब हो जाता है।

सितम्बर 25, गुजराती वकील के कहने पर उसका ब्राह्मण व्यापारी मुश्किल से पिछत्तर रुपए देता है। देने से पहले वह तरह-तरह के परेशान करनेवाले सवाल पूछता है : मैं कहाँ तक पढ़ा हूँ, मैं विवाहित हूँ या अविवाहित इत्यादि। बूढ़ी पारसी महिला मुझे सौ रुपए का चैक देती है।

सितम्बर 30, विलफ्रिड मुझे बहुत बढ़िया पार्टी देता है जिसमें सौ मेहमानों को बुलाया गया है। इनमें मेयर, भूतपूर्व मेयर, पाँच प्रसिद्ध सम्पादक, चार नामी डॉक्टर, सर फिरोज सेठना नामक प्रसिद्ध वकील, दो फिल्म ऐक्टर और एक नृत्यांगना भी शामिल थे। मैं इन लोगों को विस्तारपूर्वक अपनी गतिविधियों के बारे में बताता हूँ।

अक्टूबर 1, सारे दिन चैक आते हैं। शाम तक एक हजार रुपए के चैक। शाम को कलकत्ता मेल पकड़ता हूँ। मेरे साथ काफी सामान है : दो सौ साबुन, 500 संगमरमर के टुकड़े, खिलौना, मोटर कार, रेलवे पोस्टर्स का बंडल, चार रोहड आइलैंड के मुर्गे, चार पालतू खरगोश और ढेर सारे बल्ब। मैं सैकिंड क्लास के डिब्बे में सफर करता हूँ।

अक्टूबर 2, काफी थक जाता हूँ लेकिन खरगोशों और मुर्गों को खाना खिलाने से ध्यान बँट जाता है। मैंने खरगोशों को भी 'चिड़ियों' के नाम पर डिब्बे में सवार

किया है। टिकट कलेक्टर खरगोशों को घूरता है। मैं उससे कहता हूँ कि वह चिड़ियों का विशेषज्ञ नहीं है।

कटनी से फिर इस बात पर रेलवे गार्ड से बहस होती है जिसके कारण ट्रेन की लम्बी इन्तजार का समय गुज़र जाता है।

अक्टूबर 3, रात के ढाई बजे पेंड्रा रोड पहुँचता हूँ। वहाँ मुझे कार्तिक और गाँववालों का एक दल लेने आया है। पंडा बाबा को भी आना था लेकिन वह मेरे आने की खुशी में दारू पीकर आने योग्य नहीं रहे। रेलवे गार्ड से विदा लेते हैं जो आश्रम में अगले सप्ताह कुछ कबूतर भेजने का वादा करता है। सुबह छह बजे पंडा बाबा आते हैं। उन्होंने एक फ्लोपी टोपी पहन रखी है जिसमें वह एक छोटे आकार के प्रेत मालूम देते हैं। दो दिन बाद हम करंजिया पहुँच जाते हैं।

अक्टूबर 5, बच्चे और कोढ़ी जोर-शोर से मेरा स्वागत करते हैं। दोनगृहिन कहती है कि मैं पहले से ज्यादा खूबसूरत हो गया हूँ और देर तक मेरे घुटनों से चिपकी रहती है। तूता ने एक बदशक्ल औरत से शादी कर ली है। वह कुछ सनकी मालूम देती है। मुझे 'अंकल' कहने लगती है।

अक्टूबर 7, पुराना दोस्त मलेरिया से मर रहा है और गाँव की प्यारी बूढ़ी औरत भी जो कभी-कभी ब्रांडी पीकर खुश नज़र आने लगती है। पुराना नर्मदावाला साधु आता है। उसे भयंकर पेचिश है।

बगीचे में सुन्दर लेकिन साधारण फूल खिले हैं। डहलिया के अलावा। मेरी ग़ैर हाज़िरी में सदाबहार फूलों को उखाड़ दिया गया है। मेहनत से उगाई गई गुलदाउदी के कारण दुखी होता हूँ। अन्यथा पूरी पहाड़ी पर ज़ीनिया और गेंदों की अद्‌भुत बहार है।

अक्टूबर 8, बगीचे के सभी पौधों को उखड़वाकर गहरी और लम्बी खुदाई कराता हूँ। सतह से चार इंच नीचे पत्थर मिलने लगते हैं। उन्हें बाहर निकलवाता हूँ। अब ज़मीन बहुत खूबसूरत बगीचे के लिए तैयार है।

अक्टूबर 10, पुरानी स्कूल इमारतों को संग्रहालय में बदलता हूँ। उनमें शामराव की मदद से रेलवे सिस्टम का मॉडल भी रखता हूँ। स्टेशनों के नामों की जगह देशों के नाम पर खड़े करता हूँ। इंग्लैंड, अफ्रीका और जापान के बीच ट्रेनें दौड़ रही हैं। यह देखकर सब खुश होते हैं।

अक्टूबर 12, हैदर अली मरने पर उतारू है हालाँकि उसकी तबीयत में सुधार है। वह अपनी वसीयत तैयार करता है और यह भी हमें बताता है कि उसकी कब्र कैसी होनी चाहिए। दूसरी तरफ़ बूढ़ी औरत की हालत बराबर बिगड़ रही है। जब हम उसे देखने जाते हैं तो तीन भयंकर कुत्ते उसकी चारपाई के इद-गिर्द

लड़ने लगते हैं। वह रोना शुरू कर देती है। हम उसे कुछ ब्रांडी पिलाते हैं। दो खरगोशों को कोढ़ी घर में भेज दिया जाता है और दूसरे दो, जिनके नाम सीता और राम हैं, स्कूल में रहते हैं।

अक्टूबर 13, तीनों बर्बर कुत्ते स्कूल में जाकर सीता को मार देते हैं। राम बच जाता है किन्तु इस झटके के कारण वह भी जल्द ही मर जाता है। शामराव इन क्रूर कुत्तों से बदला लेने को बेताब है। वह सीता की मृत देह में तेज विषाक्त घास भरकर उस सड़क पर फेंक देता है जिस पर तीनों कुत्ते गुर्रा-गुर्राकर घूम रहे हैं। तीनों सीता को खाने के लिए टूट पड़ते हैं और विष पेट में पहुँचते ही तीनों मर जाते हैं। एक गिद्ध और कुछ कौवे कुत्तों के शरीर को खाकर ऊपर आकाश में उड़ जाते हैं लेकिन कुछ देर बाद ही मरकर नीचे गिर जाते हैं।

अक्टूबर 14, बगीचा तैयार हो रहा है जिसमें अनेक प्रकार के फूलों के पौधे और बीजों को रोप दिया जाता है।

अक्टूबर 16, सफेद चींटियाँ बीजों की क्यारियों पर हमला बोलती हैं। हैदर अली और बूढ़े साधू की सेहत बेहतर है लेकिन बूढ़ी औरत की मौत हो जाती है। शाम को एक लम्बा कनखजूरा मुझे काट लेता है पाँव पर। किन्तु मुझे कोई शारीरिक हानि नहीं होती।

अक्टूबर 20, चूहेदानी में एक बड़ा चूहा फँस गया है। हमारा रात का पहरेदार चूहे को निकाल लेता है, उसको आग पर भूनकर तूता के साथ आधी रात की दावत खाता है।

अक्टूबर 25, दोस्ताना रेलवे गार्ड से खरीदे हुए कबूतर आते हैं। हम उन्हें अहाते में उड़ा देते हैं। वे चर्च में पहुँचकर सेंट फ्रांसिस की मूर्ति के चारों ओर शान्तिपूर्वक बैठ जाते हैं। उनकी संख्या चार है। पाँचवाँ वर्जिन मैरी की मूर्ति के सिर पर बैठता है। मूर्ति नीचे गिरकर टूट जाती है।

अक्टूबर 26, दोनगृहिन के शरीर पर दुर्भाग्यवश घाव हो जाते हैं। वह मलहम से भरी पट्टियों को हटा देती है और उन्हें कवि ब्लेक की 'विजन ऑफ द डॉटर्स ऑफ अलबियोन' के बीच में रख देती है।

अक्टूबर 28, कबूतर होलीहॉक फूलों को बहुत नुकसान पहुँचाते हैं और एक बालों वाला लाखा दूसरे फूलों को चट्ट कर जाता है।

अक्टूबर 29, बंगाल से एक युवा छात्र का भावपूर्ण पत्र आता है जिसमें वह आश्रम की सदस्यता माँगता है ताकि वह भुला दिए गए आदिवासियों की सेवा कर सके। वह लिखता है कि उसकी दुखभरी ज़िन्दगी के बारे में सोचते हुए वह रोने लगता है।

नवम्बर 2, रोहड आयलैंड के मुर्गे उन सब अंडों को खा जाते हैं जिनको एक मुर्गी कई दिनों से रही थी।

तीसरे पहर मंडला के कोढ़ी घर से अच्छी सूचना मिलती है। शिक्षा सम्बन्धी गतिविधि के बारे में। अछूत समझे जानीवाली मेहरा जात के एक अध्यापक ने वहाँ बड़ा काम किया है। गोंड बच्चों की जीभ सपाट और भारी होती है। वह काली मिर्च के पाउडर को एक तेल के साथ मिलाकर अपने विद्यार्थियों की जीभ पर लगाता है। पढ़ाने से पहले। मैं इस क्रूरता को पसन्द नहीं करता किन्तु गोंड कोढ़ी कहते हैं कि उन्हें इसी चीज़ की ज़रूरत है। 'इससे हमारी जीभ तेज और हल्की हो जाती है। हम बेहतर ढंग से सीख सकते हैं', उनका कहना है।

नवम्बर 3, फूल ठीक ढंग से नहीं चल रहे हैं। बूढ़े साधू को अस्पताल भेजने के सुझाव आते हैं। वह जाना नहीं चाहता और जमीन पर 'प्रदक्षिणा' करता है, इस ओर से दूसरी ओर तक।' 'प्रदक्षिणा' अपनी माँ नर्मदा नदी की।

नवम्बर 4, आखिरकार हम तुनकमिजाज़ साधू को जाने देते हैं ताकि वह अपनी धार्मिक यात्राएँ फिर शुरू कर सके। स्कूल में कपड़े सीने और बढ़ई के डिपार्टमेंट अच्छे चल रहे हैं।

नवम्बर 6, एक अभागा बूढ़ा सज्जन जिसे भयंकर सिफलिस है आश्रम में आता है। उसके साथ आठ बच्चे, एक बीबी, एक बहुत बूढ़ी माँ और एक मरियल घोड़ा है। उसे साधूवाला कमरा दिया जाता है।

नवम्बर 7, बूढ़े सज्जन को सपने में साधू आता है। वह पूछता है कि वह उसके कमरे में क्या कर रहा है। बूढ़ा सज्जन कमरे के दूसरे कोने में अपनी चारपाई ले जाता है।

नवम्बर 9, रात में जंगल में जाते हुए मेरी लालटेन बुझ जाती है। काफी अँधेरा है। जंगली सुअरों का एक झुंड मुझे घेर लेता है। मुझे अपनी जान कर डर है। मैं पूरे जोर से चिल्लाता हूँ। उसके बाद वे वहाँ से चले जाते हैं।

नवम्बर 11, मटर खूब पैदा हुई है। पंडा बाबा और मैं 'सखी' बनने की योजना बनाते हैं। पंडा बाबा कहते हैं : 'यह मित्रता आकाश से आती है। दूसरी मित्रताएँ धरती से।' चूजों का सुन्दर बाड़ा बनाते हैं। एक 'राजमुर्ग़ा' रात को कुकड़ू करता है। हम तूता को रोकते हैं। नहीं तो वह उसे पकड़ लेता और भूनकर खा जाता।

नवम्बर 12, सिफलिस से पीड़ित बूढ़े दोस्त और उसके परिवार को आधी रात के वक़्त जंगल में ठंड से काँपते हुए पाता हूँ। साधू ने फिर सपने में आकर उन्हें धमकी दी है। मैं उन्हें तुरन्त साधू का घर खाली करने का आदेश देता हूँ।

नवम्बर 14, एक जबर्दस्त दारूबाज ज़िला अफसर के बारे में पढ़ता हूँ। आदिवासियों के लिए वह आदरणीय आदमी था। वे उसे हर साल याद करते हैं। एक दारू की बोतल उसकी क़ब्र पर फोड़कर। मेरे मरने पर वे हर साल मेरी क़ब्र के सामने पी.जी. वोडहाउस की नवीनतम रचना जलाया करेंगे।

नवम्बर 17, पैंतालिस मील दूर से आश्रम में एक आदमी को लाया जाता है। उसका बायाँ पैर कोढ़ से गल चुका है। उसे काटने के अलावा कोई चारा नहीं। हम उसे बिलासपुर अस्पताल में भेजने का प्रस्ताव देते हैं जिसे वह प्रसन्न होकर स्वीकार कर लेता है। वह बाद में बताता है कि बरसों पहले वह वहाँ गया था लेकिन डॉक्टर लोभ के वशीभूत बहुत रुपया माँगते थे।

नवम्बर 18, फुटबॉल का मैदान बनाना शुरू करते हैं। काँटेदार झाड़ियाँ और ऊँची घास को काट दिया जाता है। मेरा अनुभव यहाँ काम आता है। मैं मैरटन सैकिंड इलेविन हॉकी टीम का कप्तान था और मेरी टीम हर मैच हारी थी।

तूता के पूरे शरीर पर सूजन आ गई है। वह अपनी बीबी को इसका कारण समझता है। उसकी घरेलू शान्ति भंग हो जाती है।

पुलिस का भला सर्किल इन्स्पेक्टर आता है। मुझसे अपराध के बारे में बात करता है और कहता है कि गोंड लोग सचमुच अपराधी प्रवृत्ति के नहीं हैं।

नवम्बर 23, बाद में आनेवाली बारिश नहीं आई। अतः हम पुराने खलिहान को तोड़कर ज्यादा बड़ा खलिहान बनाते हैं ताकि अन्न का भंडार कम न पड़े।

नवम्बर 24, बड़ा खलिहान बनाने का काम अभी पूरा नहीं हुआ है। हमारा पहला फुटबॉल मैच बहुत सफल रहा है हालाँकि यह नंगे पैरों खेला गया। मैदान में गोलपोस्ट के सामने भैंस आ गई और गोल करना मुश्किल हो गया।

नवम्बर 29, बिल्लियों का परिवार आश्रम में आ जाता है। वे चूहों की फिराक में रहती हैं। जब चूहे मेरी पुस्तक कुतरते हैं तो बिल्लियों के कारण वे आराम से भोजन नहीं कर पाते।

नवम्बर 30, भावुक गोंडों के लिए स्कूल चलाना एक टेढ़ी खीर है। कई बच्चे आत्म-निर्भरता के विरोध में स्कूल छोड़कर जा रहे हैं। वे अपना पानी भी भरकर नहीं लाना चाहते। वे अपना दिमाग इस्तेमाल करना चाहते हैं, हाथ नहीं।

दिसम्बर 1, दो आकर्षक लड़के आते हैं। उन्हें सिफलिस विरासत में मिली है। अपने खुद के कारण नहीं। चावल, दाल, गेहूँ, नमक, गुड़ आदि के बोरे आने शुरू हो जाते हैं किन्तु अभी नया खलिहान दुर्भाग्य से तैयार नहीं हुआ है।

दिसम्बर 2, हमारे दो मुसलमान दोस्त हैदर अली और मुस्तफ़ा खान डिनर के लिए आते हैं। वे गोंड रीति-रिवाजों के प्रति सहिष्णु नहीं हैं। अलबत्ता वे नज़र

लगने के गोंड विश्वास को मानते हैं। हैदर अली बताता है कि एक बार जब खाना खा रहा था तो एक औरत की नज़र उसको लग गई थी जिसके कारण उसे बदहज़मी हो गई थी। दूसरी बार एक औरत की नज़र उसकी गाय को लग गई। उसके दूध से दही नहीं जमी। मुस्तफ़ा खान को भी एक बूढ़ी औरत की नज़र लग गई थी। उसको मूत्र की जगह खून निकलने लगा। वह मर रहा था। गाँववालों की सभा बुलाई गई। बुढ़िया ने अपना जादू हटा लिया। मुस्तफ़ा को खून आना बन्द हो गया। उसी के शब्दों में, 'मैं ठीक हो गया किन्तु तीन दिनों के अन्दर बुढ़िया मर गई।'

दिसम्बर 3, दिमाग में बराबर यही सवाल है कि कबूतरों के बच्चे पहले होंगे या खरगोश के। आधी रात में गाँव की रस्सियों से बनी चारपाई टूट जाती है। और मैं धम्म से एक जड़ी हुई तस्वीर पर गिरता हूँ जिसको वहाँ अस्थायी तौर पर रखा गया था।

दिसम्बर 6, बोंडार जाता हूँ जहाँ मेरे और पंडा बाबा के बीच 'सखी' मित्रता का अनुष्ठान होना है। उनके घर तक जानेवाली सड़क को खम्बों और घास के गुच्छों से सजाया गया है। हम उसके छोटे-से घर में पहुँचकर आग के चारों तरफ बैठ जाते हैं। गाँववाले आने लगते हैं। मिसेज पंडा बाहर आती हैं और आँगन के बीच पवित्र खम्बे के ठीक नीचे की थोड़ी-सी ज़मीन को गोबर से लीप देती हैं। फिर थोड़ा आटा लेकर लिपे स्थान पर अजीब तरह के पैटर्न बनाती हैं। पंडा बाबा एक ओर, मैं दूसरी ओर बैठता हूँ। और दो प्राणी खाली तरफों पर बैठकर वर्गाकार बनाते हैं। आग जलाई जाती है, इस पर घी डाला जाता है। पतला-सा धुँआ उठता है। हम सब दूध के कटोरे में अपनी उँगलियाँ डुबोते हैं और एक-दूसरे के माथे को छूते हैं। तब पंडा बाबा अपने दोनों हाथ मेरे सिर पर रखते हैं, मैं उनके सिर पर। हम मनके और नारियल बदलते हैं। दो पीतल की थालियों में सामान लाया जाता है। पंडा बाबा की थाली में कुछ चावल, नमक और एक रुपया है : मेरी थाली में चावल, नमक, एक धोती और एक कम्बल है। हम तीन बार थालियाँ बदलते हैं और कहते हैं, 'सीताराम सखी।' अनुष्ठान पूरा हो जाता है। हम अनन्तकाल तक एक-दूसरे के साथी रहेंगे।

मिसेज पंडा और भूतपूर्व मिसेज पंडा भी मेरी सखी बन जाती हैं। प्रथा के अनुसार। मैं डरते हुए पंडा बाबा से पूछता हूँ, 'क्या मैं अनन्तकाल तक इनके साथ भी रहूँगा ?' परोपकार भाव के तहत बूढ़ा आदमी कहता है, 'निश्चित रूप से।'

नारियल तोड़े जाते हैं और उनके छोटे-छोटे टुकड़े सबको बाँटे जाते हैं। देर रात में, सोहोरी के बनाए स्वादिष्ट भोजन पाने के बाद, हम उस कमरे में सोते

हैं जिसमें पंडा बाबा के धन्धे से सम्बन्धित चीजें दीवार पर टँगी हुई हैं।

दिसम्बर 7, आखिरकार कबूतरी एक अंडा देती है। खरगोश इस सम्बन्ध में पीछे है।

दिसम्बर 8, गाँव का अहम आदमी जुलान स्कूली बच्चों के साबुन से नहाने पर एतराज करता है और नानस को ईसाई कहता है। नानस इस तौहीन का बदला लेता है। वह जुलान को उठाकर तालाब में फेंक देता है। नानस ने शादी का विचार छोड़ दिया है और दर्जी बनने की कोशिश कर रहा है।

दिसम्बर 11, मेरी श्वासनली के ऊपरी हिस्से में कुछ गड़बड़ है। श्वास लेने से अजीब आवाज पैदा हो रही है। इसे दूर करने के लिए मैं पुराना तरीका इस्तेमाल करता हूँ। श्वास रोककर पहाड़ी से नीचे उतरता हूँ तथा ऊपर चढ़ता हूँ। माँ-बापों का एक शिष्टमंडल मुझसे आकर मिलता है। उनका कहना है कि बच्चों की पिटाई जरूरी है। साथ ही उन्हें सब चीजें जुबानी याद होनी चाहिए ताकि वे गाँववालों को दिखा सकें कि वे क्या जानते हैं। उनसे स्कूल में कोई मेहनतवाला काम भी नहीं कराना चाहिए क्योंकि वे घर पर ऐसा काफी काम कर लेते हैं। उन्हें अंग्रेजी सिखाई जानी चाहिए।

दिसम्बर 14, सोहोरी को दंड की भारी रकम देने के बाद फिर बिरादरी में शामिल कर लिया जाता है। वह अपनी जातवालों के साथ नर्मदा नदी जाते हैं। वह धारा के बीच खड़ा हो जाता है। उसका मामा उसके सिर पर पानी डालता है और सोहोरी किनारे पर खड़े जातवालों से पूछता है, 'क्या मुझे हमेशा के लिए इस कीचड़ में खड़े रहना होगा ?' वे कहते हैं, 'हाँ।' फिर सोहोरी कहता है, 'मैंने तुम्हें बड़ा उपहार दिया है; तुम्हें मुझे यहाँ से निकालना चाहिए।' वे सब नदी के अन्दर दौड़कर उसे बाहर ले आते हैं। घर लौटकर वह उन्हें दावत देता है। आधी रात को सोहोरी आश्रम में वापिस आता है। वह बहुत नशे में है।

दिसम्बर 15, गोंड और पंकास के बीच बहुत बढ़िया फुटबॉल मैच जिसमें गोंड जीत जाते हैं।

आद्री की सौतन का बाघ के साथ अजीब अनुभव होता है। जब वह अपने आँगन में चावल बीन रही, एक बाघ कूदकर घर में आता है। वह उसके शरीर को छूता हुआ निकलता है और एक कमरे में घुस जाता है। लड़की होशियारी से काम लेती है। दौड़कर बाहर से दरवाज़ा बन्द कर देती है। एक बन्दूकची को बुलाया जाता है जो आकर बाघ को शूट कर देता है।

दिसम्बर 16, दोस्तों के बुलाने पर क्रिसमस मनाने मुम्बई जाता हूँ। रास्ते में दोस्ताना रेलवे गार्ड मिलता है। वह मुझे चार बेलजियन मुर्गे, दो कलहंस और एक

दर्जन बत्तखें बेचने का प्रस्ताव देता है जिसको मैं मान लेता हूँ।

दिसम्बर 18, एक दिन वर्धा में बिताता हूँ जहाँ मैं कुछ मिनटों के लिए महात्मा गांधी से मिलता हूँ। वह कमजोर और बीमार लगते हैं। अपने शिष्यों के घरेलू झगड़ों से अपनी सेहत खराब कर रहे हैं। यीशू ने सिर्फ बारह शिष्य पालकर कितनी अक्लमन्दी की थी। बारह मर्द शिष्य। आश्रम में कोई मेरी राय से सहमत नहीं होता। उनकी धारणा है कि मैं अपनी हैसियत से बाहर निकल रहा हूँ। ऐसी बातें फैलाकर यानी ब्राडकास्ट करके। रेलवे बुकस्टॉल से 'डैथ एट ब्राइकास्टिंग हाउस' नामक पुस्तक खरीद लाता हूँ और इसे चोरी-छुपे पढ़ता हूँ। इस लाइन की शब्दावली और माहौल से परिचित होने के लिए। जमनालाल बजाज के लिए 'ब्लैटरफोन' शब्द का इस्तेमाल करता हूँ। वह इससे प्रभावित होते हैं किन्तु सौभाग्य से इसकी परिभाषा नहीं पूछते।

दिसम्बर 20, मुम्बई पहुँचता हूँ। तीसरे पहर ब्राडकास्टिंग हाउस जाता हूँ जहाँ बिथोवन पर मेरी वार्ता रिकार्ड की जाती है।

दिसम्बर 24, ठंड से परेशान हूँ। मेरा गला ठीक नहीं है। बोलने में दिक्कत होती है। तथापि बढ़िया क्रिसमस डिनर का लुत्फ़ उठाता हूँ, एक नामी कलाकार के घर में। ज़िन्दगी में पहली बार दूधमदिरा पीता हूँ लेकिन इतनी नहीं कि उपन्यासकार डिकेन्स के पात्र मिस्टर पिकविक की तरह होश गँवा दूँ।

दिसम्बर 25, गर्म पानी में नमक डालकर कुल्ले करता हूँ। एक गर्म अंडरगारमेंट उधार लेता हूँ, लोगों से बोलता नहीं हूँ। मेरा गला ठीक हो जाता है। सीधे रेलवे स्टेशन जाता हूँ, सैकिंड क्लास सवारी को दिए जानेवाला डिनर लेता हूँ और घर के लिए ट्रेन पकड़ लेता हूँ।

दिसम्बर 26, होशंगाबाद में एक दिन मिस हिल्डा कैशमोर के पास रुकता हूँ। गोंड लोगों के लिए शहर से पन्द्रह मील दूर एक बस्ती बनाना चाहता है। जंगल में उनका चुना हुआ स्थान देखता हूँ। दो गोंड गाँवों को भी देखता हूँ। यहाँ के गोंड कुछ अलग ढंग के हैं और हमारे गोंडों से ज्यादा ग़रीब हैं। सुहावना दिन है। एक भारतीय अपने मोटे बच्चे को लाता है। उससे कहता है, 'साहब के लिए खुदा से प्रार्थना करो, प्यारे बच्चे।'

दिसम्बर 27, इटारसी से कलकत्ता मेल पकड़नी है। वहाँ मारग्रेट मूर और दो पेरू पक्षी मिलते हैं। कटनी में हमें गाड़ी बदलनी है। मैं पक्षियों को भरपेट चपातियाँ खिलाता हूँ।

दिसम्बर 28, कार से करंजिया जाते हैं। मारग्रेट मूर बेहद मुश्किल सफ़र को बर्दाश्त कर लेती है। मेरी ग़ैर हाज़िरी में ज्यादातर फूल झुक गए हैं, डहलिया को

छोड़कर। कोढ़ियों का बगीचा बेहतर हालत में है। पेरू पक्षियों को छोड़ दिया जाता है जो सीधे मेरी चारपाई पर बसेरा बना लेते हैं। मारग्रेट को यह नापसन्द है। दोनगृहिन हमारा उल्लासपूर्ण स्वागत करती है और वह नहाने और साफ़ कपड़े पहनने के बाद सुन्दर नज़र आती है। शाम को सोहोरी बाँसुरीवादन से हमारा मनोरंजन करता है। हम बिथोवन की 'पैसटोरल सिम्फनी' बजाते हैं, इस मौके के अनुकूल। मैं वड्र्सवर्थ की तीन बड़ी पुस्तकें निकालता हूँ जो अभी तक मैंने पढ़ी नहीं हैं।

दिसम्बर 29, देर से ही सही, आश्रम में भी क्रिसमस मनाते हैं। जैसे ही क्रिसमस वृक्ष पर दीये जलाकर रखते हैं तेज बारिश होने लगती है। शानदार दावत देते हैं। अलग-अलग जातियों को एक-दूसरे से फासले पर बैठाया गया है। मेरी ग़ैर-मौजूदगी में बीयर की तारीफ़ में एक रिकार्ड आदिवासी सुनना चाहते थे।

दिसम्बर 30, सुबह को भीमा लोग आते हैं जो गोंड कबीले की एक शाख से सम्बन्धित हैं। वे गा-नाचकर अपनी रोज़ी-रोटी कमाते हैं। वे महात्मा गांधी के बारे में कुछ नहीं जानते। मेरे पूछने पर वे बताते हैं, 'हमें महात्माओं में कोई रुचि नहीं है। हम सिर्फ अपने पेट की चिन्ता करते हैं।'

एक चील पेरू पक्षी की लाल नाक को मांस समझकर उस पर टूटती है किन्तु वह भागकर मेरी चारपाई के नीचे शरण ले लेता है। तभी मारग्रेट हमसे विदा लेती है।

दिसम्बर 31, मेरा मलेरिया साधारण किस्म का है जिसके लिए मेरे पास रामबाण कुनैन है। शामराव एक बड़ी उम्र की मिशनरी महिला का उत्साहवर्धक पत्र प्राप्त करता है। वह लिखती है, 'यद्यपि मिस्टर एल्विन अपने आश्रम में कोई पापाचार नहीं करता तथापि उसका काम गाँववालों का मनोरंजन करने से अधिक नहीं।' मैं सोचता हूँ कि यह डायरी अगर मेरे पाठकों का मनोरंजन कर सकी तो मेरे लिए एक बड़ी उपलब्धि होगी। अगर मैं सेंट फ्रांसिस की प्रार्थना करने योग्य नहीं तो मैं कम से कम मिस्टर पिकविक से तो मदद की प्रार्थना कर ही सकता हूँ।

टिप्पणियाँ

एकेरस एकारबी ● एक कछुए की तरह गोल, सलेटी-सफेद, अति सूक्ष्म कीड़ा जिसके बाल और मजबूत जबड़े होते हैं। यह गोंड बच्चों की खाल में घुसने का आदी है। इसको केवल सूक्ष्मदर्शी यन्त्र से देखा जा सकता है।

अगरिया ● गोंड लोगों की उप-जाति। पूरी संख्या दस हज़ार। अधिकतर मैकल पहाड़ियों पर रहते हैं। लुहार का धन्धा करते हैं। हल के फलके, कुल्हाड़ी आदि बनाते हैं। ऊँची श्रेणी के गोंड इनके साथ बैठकर खाना नहीं खाते। लोहार सुर इनका देवता है। धमनभट्टी की देखभाल करता है।

अहीर ● एक बड़ी संख्या वाली महत्त्वपूर्ण हिन्दू जाति जिन्हें ग्वाले भी कहा जाता है। ये गाय चराते हैं और इनकी एवज में गायवाले इन्हें पाँचवें दिन का दूध देते हैं। ये कृष्णजी को अपना संरक्षक मानते हैं। 'गाय से सम्बन्धित होने के कारण इनके परिवार को लोग आदर देते हैं।'

जैसे पश्चिमी देशों में चर्च के डींस, बिशप आदि के कुटुम्बियों को मिलता है, इहा लिखती है। भारत के तीन चौथाई अहीर अकेले सेन्ट्रल प्रोविंसेज में रहते हैं।

आईन-ए-अकबरी ● मुग़ल बादशाह अकबर के राज्यकाल का दस्तावेज। कोई धैर्य से पढ़े तो इसमें काफी मनोरंजक बातें हैं। इसमें लिखा है कि आज के मुकाबले उस समय गोंड अधिक महत्त्वपूर्ण और खुशहाल थे। उन्होंने शक्तिशाली हस्ती नामक जमींदार को हरा दिया था। गोंड ज़मींदार बीजाराव के पास पचास घुड़सवार और तीन हज़ार पैदल सेना थी। इतने ही सैनिक दूसरे गोंड़ ज़मींदार डूँगर खान के पास थे। इस पुस्तक में कुल्लेम नगर का एक रहस्यपूर्ण हवाला है जो इस प्रकार है, 'कुल्लेम एक प्राचीन नगर है जो भैंसों के लिए प्रसिद्ध है। इसके नज़दीक एक बुबजीओ नामक गोंड ज़मींदार रहता है, उसको चाँदा भी कहा जाता है। उसके पास हज़ार घुड़सवार और चालीस हज़ार पैदल सेना है। बीरागढ़ में हीरों की खान है। इस इलाक़े में जंगली हाथी बहुत पाए जाते हैं।'

अमरकंटक ● पवित्र पहाड़ी जो नर्मदा नदी और सोन नद का उद्‌गम है। यह कहा जाता है कि पहाड़ी की दोनों ओर ब्रह्मा जी का एक-एक आँसू गिरा। दोनों आँसुओं ने दो नदियों का रूप धारण कर लिया। अमरकंटक में कुछ ढहते हुए मन्दिर हैं, एक खस्ताहाल बाज़ार है और यात्रियों के ठहरने के लिए कुछ धर्मशालाएँ और विश्रामगृह हैं। एक गन्दा जलाशय है जिसमें सब नहाते हैं। साल में यहाँ एक बार मेला लगता है। इस मौके पर बड़ी तादाद में गोंड लोग यहाँ आते हैं। वे कुछ खरीदारी भी करते हैं। 1857 में अंग्रेजों का साथ देने के कारण अमरकंटक को रेवा के राजा को उपहारस्वरूप दे दिया गया था।

आश्रम ● एक बस्ती जिसमें अनेक लोग धार्मिक या सामाजिक सेवा के लिए रहते हैं।

बैगा ● बैगा आदिवासियों की संस्था सैंतीस हज़ार है और वे मंडला, बिलासपुर और बालाघाट की पहाड़ियों पर बिखरे हुए हैं। गोंड घर खेत में होते हैं। उनमें आँगन के चारों तरफ़ छोटे-छोटे घर होते हैं। इसके विपरीत बैगा घर एक सीधी लाइन में एक-दूसरे से जुड़े होते हैं या एक चौक के चारों ओर स्थित होते हैं। उनमें उपयुक्त दरवाज़े नहीं होते। दीवारें गारे और फूस की होती हैं, गाय के गोबर से पुती हुई। ये घर साफ-सुथरे नहीं होते। उनके पूर्वज नाग बैगा और नागिन बैगिन साँपों की सन्तान थे। ऐसा बैगा लोग कहते हैं। वे अधिकतर नग्न रहना पसन्द करते हैं। वे 'बेवार' किस्म की खेती करते हैं, जंगल का कुछ हिस्सा जलाकर उसकी राख में बीज बोते हैं। जंगलात का महकमा इस पर सख्त ऐतराज़ करता है। अतः अब वे हल के फल्के से माँ धरती का सीना चीरने लगे हैं। बैगा लोगों को झाड़-फूँक में महारत हासिल है। गोंड लोग भी उनसे डरते हैं। ऐसा कहा जाता है कि साँपों की सन्तान होने के कारण कोई बैगा ही सर्पदंश से किसी की ज़िन्दगी बचा सकता है। बैगा लोग बिल्कुल अशिक्षित हैं। वे जोड़, घटा और नाप नहीं सकते।

बैसोर ● एक छोटी जाति जो बाँस की वास्केट, छलनी, चटाई, पंखे आदि बनाती है।

भीमा ● गोंड लोगों का एक उप-कबीला। अधिकतर मंडला और सियोनी ज़िलों में रहते हैं। प्रधानों की तरह वे भी बजाने-नाचने का धन्धा करते हैं। इन दोनों में कई अन्तर हैं। प्रधान केवल गोंड घरों से माँगते हैं, भीमा सभी घरों से। प्रधान 'किंगरी' बजाते हैं, भीमा 'तूमा'। लक्ष्मण ने पहली 'किंगरी' बनाई, भीमसेन ने

पहला 'तूमा'। भीमा लोगों के घर होते हैं जिनमें वे केवल बरसात में रहते हैं। उनके खेत नहीं होते। वे अपने को हिन्दू नहीं मानते यद्यपि उनके गीतों में हिन्दू देवी-देवताओं का ज़िक्र आता है। उनमें बाल-विवाह का प्रचलन है। वे ब्राह्मणों के हाथ का नहीं, गोंडों द्वारा बनाया गया भोजन खा सकते हैं। उनमें अन्तर्जातीय विवाह भी होते हैं। पंका से शादी करने पर लड़की को सदा के लिए कबीले से बाहर कर दिया जाता है। किन्तु अगर वह प्रधान से शादी करती है तो दावत देने पर उसे फिर कबीले में शामिल किया जा सकता है।

भीमा लोग बहुत अच्छा नाचते और गाते हैं। उनकी औरतें गहने नहीं पहनतीं और वे हिन्दू ढंग के कपड़े पहनती हैं। एक बूढ़ा और औरत मिलकर नाचे और गाए। उन्होंने हम लोगों का बहुत मनोरंजन किया आश्रम में। वे अपने 'तूमा' के प्रति बड़ी श्रद्धा रखते हैं और दशहरे तथा वसन्त के मौकों पर इसकी पूजा करते हैं। भीमसेन उनका हीरो है और उसी के नाम पर उन्हें भीमा कहा जाता है। वे भजन और कर्मा दोनों गाते हैं। भजन रूढ़िगत ढंग के हैं लेकिन कर्मा ज्यादा असरदार हैं। नीचे कुछ उदाहरण देखिए–

जब वे खेत में हल चलाते हैं तो कोबरा-नागिन फुफकारती है।
ओ मेरी प्यारी, तुम मेरी ज़िन्दगी हो, मैं तुम्हारे ही बारे में
सोचता हूँ।
तुम्हारे हाथों में मेरी ज़िन्दगी है, मेरी मौत भी।
लेकिन जैसे कोबरा फुफकारता है
वैसे ही मैं भी करूँगा यदि तुम बेवफ़ा हुईं।

अपने गाँव में वह कबूतर-सा निरीह था।
लेकिन जब से वह यहाँ आया है, वह चूहा बन गया है।
जैसे चूहा लकड़ी काटकर खलिहान में घुस जाता है
वैसे ही तुमने मेरे दिल में रास्ता बनाया है।

कोई दूसरा स्थान ऐसा नहीं जैसा हमारा।
दूसरे इलाके बंगाल की तरह अपरिचित हैं
इस जंगल को छोड़कर जाओगे तो दूसरा ऐसा कहाँ पाओगे ?

तुम्हारे साथ रहकर मैं हँसती थी।
हँसते हुए मैं तुमसे बात करती थी।

उस समय पता नहीं था कि हम दोनों को जुदा होना होगा।
अरे रुको कहीं–कोई दूसरा स्थान यहाँ जैसा नहीं है।

एक जवान लड़की जिसकी कमर इतनी पतली
कि मैं इसे उँगलियों में घेर सकता हूँ
कुएँ पर पानी लेने जा रही है
अपने चूतड़ों को मटकाते हुए।
मैं सोचता हूँ, और सोचता हूँ, मेरी ज़िन्दगी उसे पाने को तड़पती है।
देखो, वह सामने होकर जा रही है, अपने झूमते हुए बदन के साथ।
उसकी टोकनी पीतल और ताँबे से बनी है।
उस टोकनी में पानी है
देखो, कैसे वह प्यारी युवती जाती है
जिसकी कमर इतनी पतली है
कि मैं इसे उँगलियों में घेर सकता हूँ।

आँगन में आग जल रही है
घर में लालटेन टिमटिमा रही है
ओ मेरे प्यारे, मैंने रात तुम्हारे साथ बिताई है
अब सुबह हो रही है, तुम्हें जाना चाहिए
इससे पहले कि गाँव के रास्ते पर कोहरा गिरे
तुम्हें चले जाना चाहिए।
लेकिन मेरी तरफ मुस्कराने और मुझे एक नया गीत सुनाने के बाद।

हमारी चारपाई का रंग लाल है।
हमारे कम्बल लाल हैं।
बारिश और खुशी के इन चार महीनों के लिए, मेरे साथ रहो।
चार महीनों के लिए मेरे साथ रहो।
बरसात में कोई अपनी प्रियतमा को छोड़कर नहीं जाता।
अगर तुम चले गए तो मेरा खाना-पीना छूट जाएगा।
मुझे किसी चीज में स्वाद नहीं आएगा।
इसलिए बारिश और खुशी के चार महीने मेरे साथ रहो।

भीमसेन ● भीमसेन को गोंड लोगों में देवता माना जाता है। पाँच पांडवों में से इसे ही आदिवासियों ने विशेष सम्मान दिया है। बैगा कबीले के लिए वह वर्षा का देवता है। गोंडों के लिए वह पौरुष का प्रतीक है जिसका सम्बन्ध पहाड़ों, चट्टानों और नदियों से है। करंजिया के क़रीब दो पहाड़ियाँ हैं, एक घाटी के इस तरफ, दूसरी इसके पार। कहानी यह है कि एक 'कोआर' यानी काँवड़ ले जा रहा था। किसी भी गोंड की तरह। घाटी में ऊपर चढ़ते हुए। बाँस के सिरों पर लटकी दोनों बहंगियाँ इतनी भारी थीं कि वह थक गया और उसने दोनों को ज़मीन पर पटक दिया। वे धूति और लिंगो नामक पहाड़ियों में बदल गईं। बिलासपुर की लाफा जमींदारी और चित्तौड़गढ़, पालमा और धितोरी की पहाड़ियाँ भीमसेन से सम्बन्धित हैं। भीमा कबीले के अनुसार भीमसेन का अस्तित्व संसार के बनने के समय से था। जब सागर के बीच से पृथ्वी उभरी तो उसमें सन्तुलन नहीं था। कभी इस तरफ झुकती थी, कभी दूसरी तरफ। ईश्वर ने भीमसेन को बुलाया जिसने पृथ्वी के नीचे अपनी 'कोआर' की दोनों बहंगियाँ लगा दीं। तब जाकर पृथ्वी स्थिर हुई।

भीमसेन ने नर्मदा को सागर की तरफ जाने से रोकने की भी कोशिश की, पहले अमरकंटक और फिर कपिलधारा स्थानों पर। अन्ततः नर्मदा ने मछली का रूप धारण किया और धरती में घुस गई। भीमसेन नर्मदा को रोकने की कोशिश में थक गया।

कमोबेश ऐसी ही कोशिश भीमसेन ने वेनगंगा के रुख को बदलने के लिए की जिसकी कहानी स्टर्नडेल ने अपनी पुस्तक 'सिओनी, और कैम्प लाइफ ऑन द सतपुड़ा रेंज' में प्रस्तुत की है।

छत्तीसगढ़ी ● पूरबी हिन्दी जिसमें अवधी, बघेली और छत्तीसगढ़ी के शब्द हैं। अवधी और बघेली वास्तव में एक ही भाषा है और मंडला में बोली जाती है। बिलासपुर और करंजिया में छत्तीसगढ़ी की प्रधानता है। सेन्ट्रल प्रोविंसेज में छत्तीसगढ़ी बोलनेवालों की संख्या कम-से-कम चालीस लाख है। किन्तु इसमें साहित्य-लेखन न के बराबर है।

धीमार ● एक बहुसंख्यक जाति जिसमें मछुआरे, पानी ढोनेवाले और घरेलू नौकर शामिल हैं। वे हिन्दू कहलाते हैं। इस सम्बन्ध में एक कहानी है। एक दिन महादेव और पार्वती कहीं पैदल जा रहे थे। पार्वतीजी बहुत थक गईं। इसलिए महादेवजी ने मिट्टी से चार आदमी बनाए जो पार्वतीजी को पालकी में बिठाकर चलने लगे। रास्ते में वे देवी से हँस-हँसकर बात करते रहे। वह उनसे बहुत प्रसन्न हुईं। पालकी से उतरने पर उन्होंने चारों से कुछ प्रतीक्षा करने को कहा। वह उन्हें उपहार

देना चाहती थीं। चारों के पास दारू थी और उन्हें नशा चढ़ गया। एक बनिया यह सब देख रहा था। जब पार्वतीजी के नौकर रुपयों की बोरी लाए तो बनिए ने कहा कि वह चार में से एक धीमार है और धन लेकर चलता बना। होश आने पर वे उपहार माँगने लगे। पार्वतीजी ने कहा कि मूर्ख होने के कारण वे सदा ग़रीब रहेंगे लेकिन साथ ही हँसमुख और सुखी रहेंगे।

एक्सकम्यूनिकेशन ● यदि आप गोंड या बैगा हैं तो आपको अनेक कारणों से जाति से निकाला जा सकता है। दूसरे कबीले के साथ खाने अथवा यौन सम्बन्ध रखने पर। जख़्म में कीड़े पड़ने पर। जूते से पीटे जाने पर। बीबी द्वारा झगड़े के दौरान कान काटे जाने पर। जेल जाने पर क्योंकि वहाँ आपको दूसरे लोगों के साथ भोजन करना पड़ता है। कबीले में फिर शामिल होने के लिए आपको बहुत खर्चीली दावत देनी होती है।

कोरकस कबीले में इस सम्बन्ध में एक बहुत रोचक उदाहरण मिलता है जिसमें जाति में शामिल होने को पुनः जन्म का रूप दिया गया है और शिशु को स्वतः ही अपनी जाति की सदस्यता मिल जाती है। किन्तु इस प्रकार से जाति में दुबारा शामिल होने का अर्थ यह बिल्कुल नहीं कि वह दावत देने से छुटकारा पा जाएगा।

गोंडी ● एक द्रविड़ भाषा जो तमिल और कन्नड़ से निकली है। तेलुगू से यह इतनी नहीं मिलती। 1931 में यह 1,280,000 लोगों की मातृभाषा थी।

गुनिया ● गुनिया एक जादूगर या जड़ी-बूटी से इलाज करनेवाले आदमी को कहते हैं। गुनिया की गोंड गाँव में बहुत माँग रहती है, क्योंकि यह कहा जाता है कि बीमारी का कारण चुड़ैलें या बुरी आत्माएँ होती हैं। वह इलाज के लिए रोगी के घर जाता है जिसके लिए उसे फीस दी जाती है। उसके साथ उसका शिष्य भी जाता है। गुनिया मन्त्र पढ़ता है। शिष्य ज़ोर-ज़ोर से हिलने लगता है। अपने 'तूमा' को भी ज़ोर-ज़ोर से इधर-उधर हिलाता है। गुनिया कहता है, 'ओ माता, ठाक्कुरदेव, हरदूलाल, बैरागसिंह माता ! आप हमारे दिलों के अठारह रहस्यों को जानते हैं...आपने इस रोगी को पकड़ रखा है...किसी चुड़ैल ने इसे आपके वशीभूत कर दिया है...निश्चय ही वह।' इसके बाद गुनिया नामों की एक लम्बी फेहरिस्त पेश करते हुए कहता है, 'आप हमें उस चुड़ैल का नाम बताएँ। मैं आपको एक चूजा दूँगा...मैं आपको एक बकरी दूँगा...'

जब एक सही नाम बोला जाता है तो शिष्य एकदम पथरा-सा जाता है और अपने हाथों को इधर-उधर फेंकता है। बहुत ज़ोरों से। यह आत्माओं का जवाब है। इससे संकेत मिलता है कि रोगी पर किसने जादू किया है।

गुनिया आगे कहता है, 'कृपया बताएँ कि यह नाम सही है कि नहीं। ओ देवी, आपने हमें बता दिया है। आप जानती हैं कि हम आपके वश में हैं तथा हम आप पर आश्रित हैं। आप ही ठाकुर देव, आप ही हरदूलाल हैं और आप ही हमारे गाँव की रक्षक हैं। कृपया साफ़-साफ़ हमें अपराधी का नाम बताएँ।'

अगर नाम साफतौर पर सामने नहीं आता तो यह प्रक्रिया हर रोज़ दोहराई जाती है। अन्ततः जब इस बात का पता चल जाता है कि वह कोई चुड़ैल थी या आत्मा तो वादे के मुताबिक बलि देने का दिन नियत किया जाता है।

अगर गुनिया ने एक काले चूजे का वादा किया था तो नियत दिन सब लोग गाँव के बाहर आ जाते हैं। आग जलाकर उस पर घी डाला जाता है। जमीन पर चावल बिखेर दिए जाते हैं और गुनिया मन्त्र पढ़कर चूजे को छोड़ देता है। अगर चूजा चावल खा लेता है तो यह समझा जाता है कि बलि को स्वीकार कर लिया गया है। यदि वह चावल नहीं खाता तब बकरी की बलि दी जाती है। चुड़ैल या आत्मा खुश हो जाती है और रोगी ठीक हो जाता है।

हरदुल बाबा ● भीमसेन के मुकाबले हरदुल बाबा ज्यादा अजीब थे। वह एक युवा डोन जुआन थे कवि बायरन के हीरो की तरह। उन्होंने अपने बड़े भाई जाझर की पत्नी पर ही डोरे डालने शुरू कर दिए। क्रोध में जाझर ने उन्हें ज़हर दे दिया और वह असमय मृत्यु को प्राप्त हुए। वी.ए. स्मिथ ने 'लेजेन्ड ऑफ हरदुल' के संक्षिप्त संस्करण में यही लिखा है : 'इस हादसे के बाद कुंजावती, जो दोनों भाइयों की बहन थी, की लड़की की शादी होने को थी। कुंजावती ने जाझर को शादी में निमन्त्रित किया तो उसने हँसी उड़ाते हुए जवाब दिया कि वह अपने प्यारे भाई हरदुल को शादी में बुला ले। निराश होकर वह उसकी क़ब्र पर गई और फूट-फूटकर रोने लगी। हरदुल ने क़ब्र से जवाब दिया कि वह शादी में आएगा और सब प्रकार के इन्तजाम करेगा। प्रेत ने अपना वादा पूरा किया और शानदार शादी हुई। बाद में वह रात में सम्राट अकबर के पास गया और अकबर को यह आदेश देने की विनती की कि साम्राज्य के हर गाँव में उसे सम्मान देने के लिए चबूतरे बनाए जाएँ। यदि उसे समुचित सम्मान दिया गया तो हर विवाह सफल होगा और जो भोजन करने से पहले उसके चबूतरे पर भोजन का एक हिस्सा चढ़ाएगा उसे कभी अन्न की कमी न होगी। अकबर ने हरदुल की सभी बातें मान लीं। तब से हरदुल के प्रेत की हर गाँव में पूजा होती रही है।'

हरदुल की क़ब्र ने बहुत भयंकर कारनामा किया जब लार्ड हेस्टिंग्स की सेना ने बुन्देलखंड में उसके निकट गाय को जिबह करने की कोशिश की। तुरन्त सेना में हैज़ा फैल गया। पूरे भारत में। जहाँ पर कुपित प्रेत के चबूतरे बनाए गए, हैज़ा

रुक गया। करंजिया से थोड़ा बाहर हरदुल, ठाकुर देव और माता धरती का सम्मिलित चबूतरा है।

जमनालाल बजाज ● अपने समकालीन भारत के सर्वाधिक सम्मान्य लोगों में एक। बहुत स्नेही और उदार। बरसों तक 'ऑल इंडिया स्पिनर्स एसोसिएशन' तथा इंडियन नेशनल कांग्रेस के कोषाध्यक्ष रहे। वर्धा आश्रम में उन्हीं के मुँह से मैंने पहली बार गोंड शब्द सुना था।

कबीर चबूतरा ● मंडला ज़िले में एक स्थान। यहाँ मंडला, बिलासपुर और रेवा राज्य मिलते हैं। कबीरदास के नाम यहाँ का नामकरण। अधिकतर कबीरपंथी पंका लोग रहते हैं।

कोरकस ● हँसमुख मुंडा कबीला। तादाद डेढ़ लाख। अधिकतर हिन्दू जो सूर्य की पूजा करते हैं। भाषा का नाम कोरकू। बैतूल के मुंडा बहुत साफ-सुथरे लोग हैं।

लामन या बंजारा ● सामान ढोनेवाले सुन्दर जिप्सी। कई ज़िलों में इस कबीले को अपराधी दर्ज किया गया है जो ग़लत है। हाँ, जलाने के लिए लकड़ी चुरा लेते हैं। बंजारी देवी की पूजा करते हैं।

महुआ ● महुआ के फूलों से बनी हुई देसी दारू। गोंड लोग इसको बनाते और पीते हैं।

मैकल पहाड़ियाँ ● विंध्याचल और सतपुड़ा को मिलानेवाली एक पर्वत श्रेणी। यहाँ के जंगल से ढके ढलानों और पठारों पर गोंड लोग रहते हैं। मार्कंडेय पुराण में इसके महात्तम का बखान किया गया है। यह मैकल ऋषि, कपिल मुनि, व्यास, भृगु और अगस्त्य जैसे सन्तों की तपोभूमि रही है। यहाँ नर्मदा जैसी पवित्र नदी बहती है।

मंडला ज़िला ● यह सुन्दर और दूरदराज़ जिला इस प्रकार स्थित है—इसके उत्तर में जबलपुर और रेवा, दक्षिण में बालाघाट, पश्चिम में सिओनी (किपलिंग की 'जंगल बुक्स' का घटना स्थल), और पूरब में बिलासपुर है। यह ऊँची धरतीवाला स्थान है। न्यूनतम ऊँचाई 1,300 फीट और अधिकतम 3,454 फीट है। धुति अधिकतम ऊँचाई पर बसा है और करंजिया से सिर्फ तीन मील की दूरी पर है। बारिश का औसत 50 से 60 इंच सालाना है। जलवायु अच्छी है लेकिन बरसात के खत्म होते ही बिगड़ जाती है। लोगों की सेहत ठीक नहीं रहती। गोंडी यहाँ की भाषा है जिसमें बघेली और छत्तीसगढ़ी बोलियों के शब्द हैं। मंडला ज़िले की आबादी ज्यादा नहीं है। शिकार के लिए बहुत प्रसिद्ध है।

नर्मदा ● अमरकंटक से निकलनेवाली पवित्र नदी। यह अमरकंटक से मुम्बई प्रेसीडेंसी में ब्रोच तक आठ सौ मील से ज्यादा सफर तय करती है। कुछ लोगों के लिए यह गंगा से भी अधिक पवित्र है। गंगा में नहाने से पाप धुलते हैं, नर्मदा के दर्शन मात्र से व्यक्ति पापों से मुक्त हो जाता है। कहा जाता है कि यह शिवजी के शरीर से निकली है।

पंडा ● यह 'गुनिया' का दूसरा नाम है। वास्तव में एक औषधि विशेषज्ञ।

पंका ● बुनकरों और रात के पहरेदारों की जाति। सी.पी. में इनकी संख्या दो लाख है। अधिकतर कबीरपंथी हैं। गोंड इन्हें पसन्द नहीं करते।

पेंड्रा रोड ● एक छोटा-सा गन्दा कस्बा जो बिलासपुर-कटनी लाइन पर स्थित है। यह करंजिया के लिए रेलवे स्टेशन है जो यहाँ से तैंतीस मील दूर है। पेंड्रा रोड में गिद्धों और चीलों की भरमार है।

रैट्स ● मंडला ज़िले का एक गाँव है छोटी खाई यानी 'चूहे का बिल'। बहुत पहले देवताओं ने सारे संसार को डिनर दिया। जब वे खाने के लिए बैठनेवाले थे तो एक चूहा आया और कमरे में इधर से उधर दौड़ने लगा। गोंड इसका पीछा करने लगे। वे छोटी खाई तक इसके पीछे दौड़े जहाँ वह बिल में घुस गया। वापस लौटने पर गोंडों ने देखा कि दूसरे अतिथि पूरा खाना खा गए थे। गोंडों ने इधर-उधर बिखरे खाने के कुछ टुकड़े उठाए, उनमें थोड़ा पानी मिलाया और इस मिश्रण को खा गए। इसको वे 'पेज' कहने लगे।

साज ● गोंडों के बड़े देवता बुरा देव का निवास स्थान। पवित्र साज वृक्ष की टहनी के सामने खाई हुई कसम को तोड़ा नहीं जा सकता।

रसेल : 'ट्राइब्स एंड कास्ट्स ऑफ द सेन्ट्रल प्रोविंसेज ऑफ इंडिया' ● सी.पी. के आदिवासी कबीलों पर एक प्रामाणिक पुस्तक। इसकी जानकारी में कुछ दरारें हैं। अतः अब यह पुस्तक आउटडेटेड हो गई है। गोंडों के विवरण में व्यवस्था की कमी है। मारिया, राज गोंड और दूसरे गोंडों को एक ही लेख में ठूँस दिया गया है।

ठाकुर देव ● 'एक दयावान बूढ़ी आत्मा। माता धरती का पति जो गाँवों और फसलों की रक्षा करता है। बिलासपुर में पोला पर्व के मौके पर उनकी पूजा की जाती है। उन्हें सफेद मुर्गा और सफेद बकरी की बलि दी जाती है, फसलों के हित में। कभी-कभी ठाकुर देव गायब हो जाते हैं। एक लड़के की आँखों में अभिमन्त्रित पाउडर लगाकर, उसे ठाकुर की तलाश में भेजा जाता है। वह पत्थर के कुछ टुकड़े लेकर लौटता है जिनमें ठाकुर देव का वास बताया जाता है। इन्हें

दूध से भरे कटोरे में रख दिया जाता है किन्तु पत्थर का एक टुकड़ा गायब हो जाता है। फिर लड़के को यह टुकड़ा ढूँढ़ने के लिए भेजा जाता है। यह टुकड़ा किसी पूजास्थल पर मिलता है जो इस बात का सबूत है कि ठाकुर देव लौट आया है।' (बिलासपुर डिस्ट्रिक्ट गजेटीयर)।

ठाक्कुर बाबा ● भारत के श्रेष्ठ लोगों में एक। पूरा नाम अमरिताल वी. ठाक्कुर। 'भील सेवा मंडल' के संस्थापक और 'हरिजन सेवा संघ' के महासचिव।

टाइगर्स ● कोरकस भाषा पर अपने लेख में रसेल ने बाघों के सम्बन्ध में भी लिखा है। एक रोचक उदाहरण देखिए–'बाघ की चर्बी गठिया और मोच की अचूक दवा है। इसकी जीभ से बनी दवा कमज़ोर बच्चों के लिए मुफीद टॉनिक है। बाघ को मारने के बाद उसकी गलमुच्छ जला दी जाती हैं ताकि उसकी आत्मा उनका पीछा न करे। यह भी कहा जाता है कि बाघ की गलमुच्छ का पाउडर दुश्मन के खाने में मिलाने पर ज़हर का काम करता है। गोंड प्रदेश में कहीं-कहीं बाघ से घायल आदमी को जाति से निकाल दिया जाता है। अस्थायी रूप से। उम्दा दावत मिलने पर उसे फिर बिरादरी में शामिल कर लिया जाता है।'

वैने यल डिज़ीज़ ● आदिवासियों में सिफलिस रंडीबाजी के कारण नहीं, अत्यधिक सेक्स की वजह से है। अगर औरत से मर्द को सिफलिस मिलती है तो उसे चुड़ैल समझा जाता है। ग्रिगर्सन लिखता है कि 'आदिवासियों में यह रोग छोटे हिन्दू और मुसलमान अफसरों तथा व्यापारियों से आता है। वास्तव में गोंड लोगों में गानोरिया रोग होता है जो ज्यादा जटिल नहीं होता। अधिकतर सिफलिस निम्न जाति के हिन्दू मजदूरों में होता है जो गोंड लोगों के साथ काम करते हैं। गोंडों का गानोरिया उन्हीं के कबीले में फैलता है, उससे बाहर नहीं। हमारे गाँववाले इसके लिए इंजेक्शन लगवाने की माँग करते हैं और इलाज के प्रति उनकी प्रतिक्रिया बहुत सकारात्मक होती है। चाँदा और बस्तर में रहनेवाले गोंड लोगों की भी ऐसी ही प्रतिक्रिया होती है।'

●●●

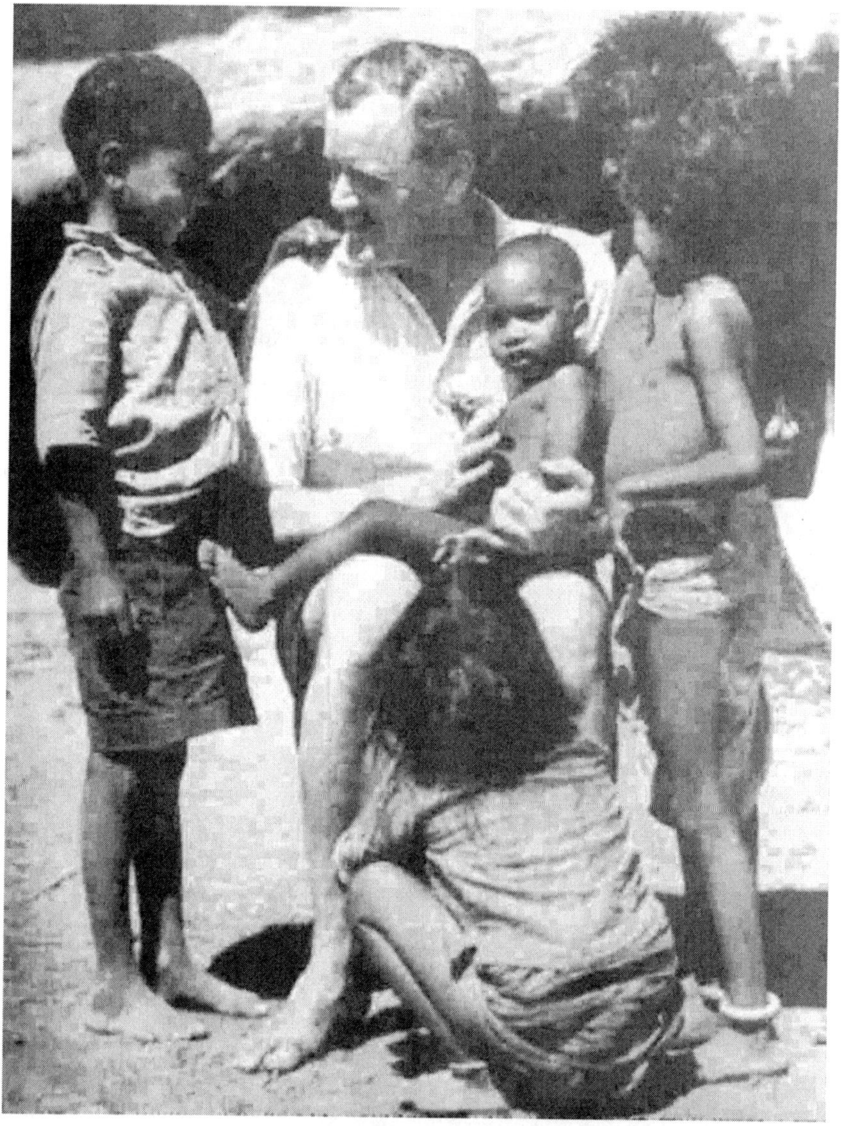

गोंड बच्चों के साथ लेखक

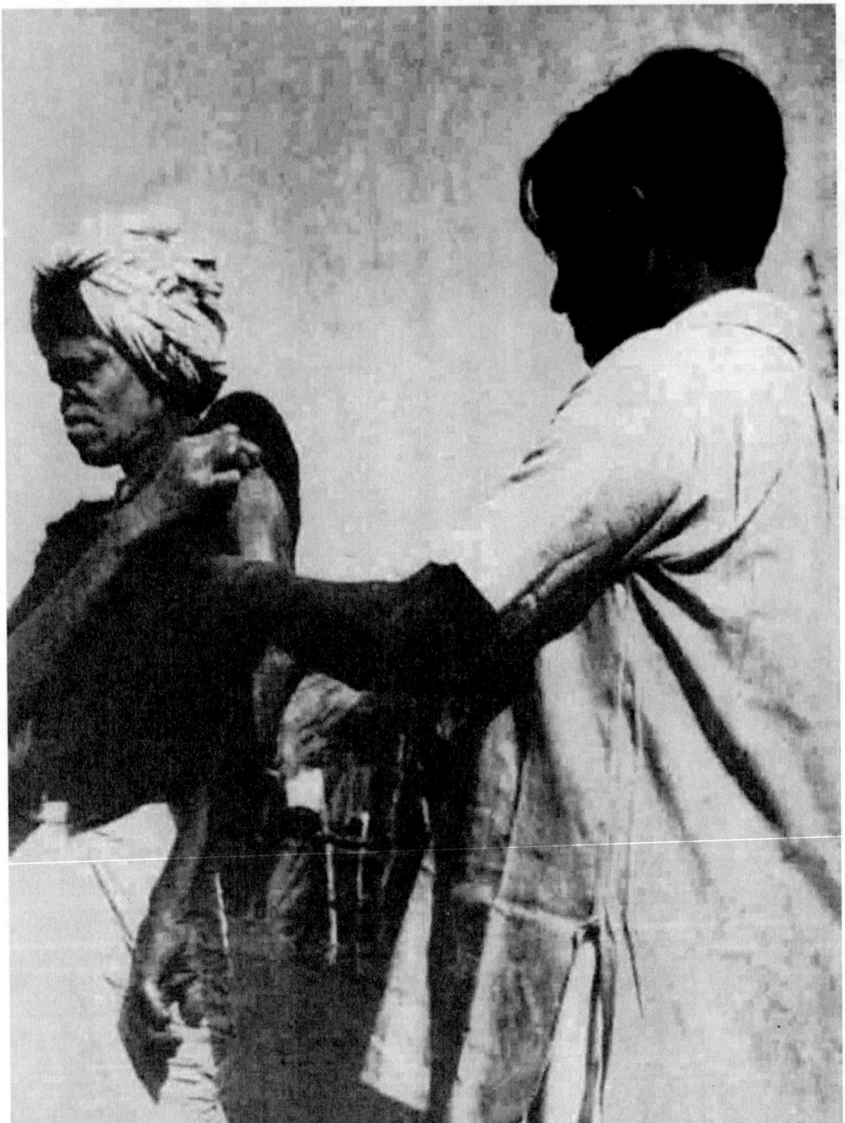

एक कुष्ट मरीज का इलाज करते शामराव

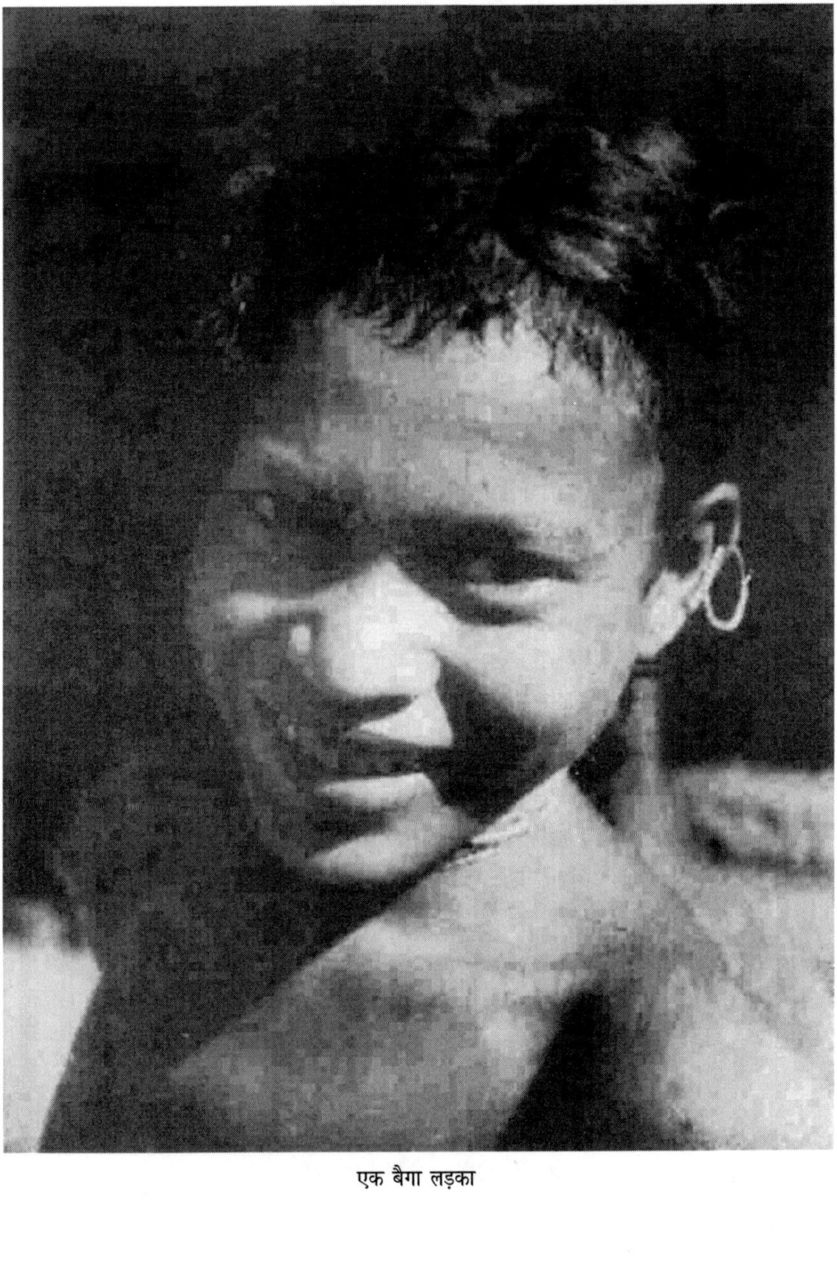

एक बैगा लड़का

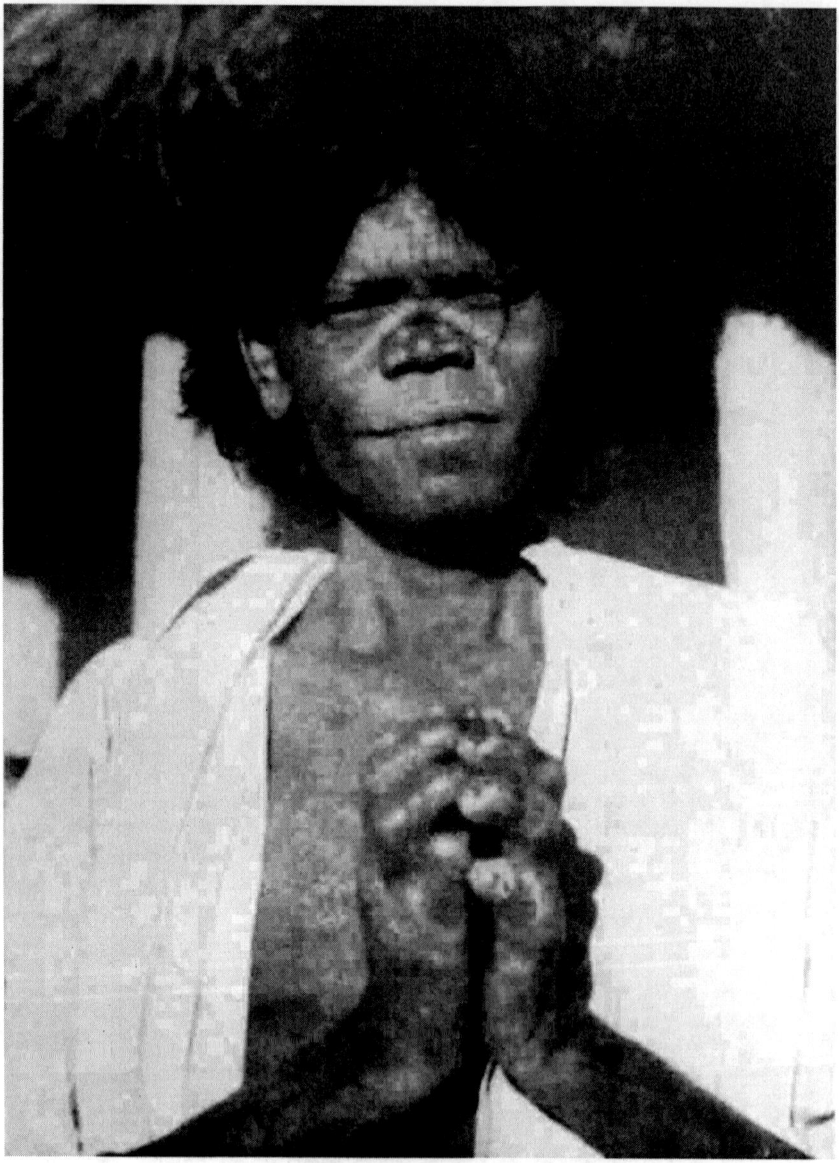

करंजिया के कोढ़ी गृह में एक कुष्ट मरीज